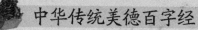

求·求索攻坚

于永玉 董玮◎编

U0095417

一段历史之所以流传千古，是由于它蕴涵着不朽的精神；一段佳话之所以人所共知，是因为它充满了人性的光辉。感悟中华传统美德，获得智慧的启迪和温暖心灵的感动；品味中华美德故事，点燃心灵之光，照亮人生之路。

天津人民出版社

图书在版编目（CIP）数据

求：求索攻坚 / 于永玉 , 董玮编 . —天津：天津
人民出版社，2012.6
（巅峰阅读文库. 中华传统美德百字经）
ISBN 978-7-201-07595-2

Ⅰ . ①求… Ⅱ . ①于… ②董… Ⅲ . ①品德教育—中
国—通俗读物 Ⅳ . ① D648-49

中国版本图书馆 CIP 数据核字 (2012) 第 133792 号

天津人民出版社出版
出版人：刘晓津
（天津市西康路 35 号 邮政编码：300051）
邮购部电话：（022）23332469
网址：http://www.tjrmcbs.com.cn
电子信箱：tjrmcbs@126.com
永清县晔盛亚胶印有限公司印刷 新华书店经销
2012 年 6 月第 1 版 2012 年 6 月第 1 次印刷
690×960 毫米 16 开本 10 印张 字数：100 千字
定价：19.80 元

中国是一个具有悠久历史和灿烂文化的文明古国，也是举世闻名的礼仪之邦。在历史的长河中，中华民族创造出了绚丽多彩的物质文化和精神文化，为人类的发展和进步做出了重要贡献。其中，中华民族的传统美德被大家代代传承。

　　那么，什么是传统美德？什么是中华民族的传统美德呢？通常来说，传统美德就是在自觉或习俗的道德规范中，一些被大多数人所接受并实际奉行的，而且在现代仍有着积极影响的那些美德。具体到中华民族传统美德，概括起来就是指中华民族优秀的民族品质、优良的民族精神、崇高的民族气节、高尚的民族情感以及良好的民族礼仪等，是中华民族在历史实践过程中积累而成的稳定的社会优秀道德因素，体现在人们生活的方方面面，涉及政治、经济、文化、意识等领域，并通过社会心理结构及其他物化媒介得以代代相传。

　　经过长期的历史沉淀，中华传统美德已融入到中华民族的思想意识和行为规范中，成为社会道德文化的遗传基因，成为整个中华民族文化的精神内涵，也是中华五千年文明史的精髓所在。继承和弘扬中华民族传统美德，可以振奋民族精神，增强民族自尊心、自信心、自豪感和凝聚力，使社会主义道德规范具有更丰富的内涵，让社会主义、集体主义、爱国主义思想等更加深入人心，成为社会主义文化的主旋律。同时，还可以更好地协调人际关系，促进社会主义市场经济的健康发展，形成有中国特色的、适应社会发展的价值观和伦理道德规范。

国民的思想道德状况，尤其是青少年的思想道德状况，直接关系着一个国家、一个民族的整体素质，关系着国家前途和民族命运。目前，我国已进入改革发展的新时期新阶段，德育教育的价值和意义更是日渐凸显。大力弘扬中华传统美德，建设社会主义核心价值体系，促进社会主义文化的发展和繁荣，是建设全面小康社会的主要任务，更是实现中华民族伟大复兴的必然要求。因此，党中央非常注重我国公民道德建设，全社会也已形成了加强和改进思想道德建设的新风尚。

　　青少年是国家的希望，是民族不断发展和延续的根本，因此，青少年德育教育就显得更加重要。为了增强和提升国民素质，尤其是青少年的道德素质，我们特意精心编写了本套丛书——《中华传统美德百字经》。

　　本套丛书立足当前公民，尤其是青少年思想道德教育的现实，将中华民族的传统美德归纳为一百个字，即学、问、孝、悌、师、教、言、行、中、庸、仁、义、敦、和、谨、慎、勤、俭、恤、济、贞、节、谦、让、宽、容、刚、毅、睦、贤、善、良、通、达、知、理、清、廉、朴、实、志、道、真、立、忠、诚、公、正、友、爱、同、礼、温、信、尊、敬、恭、恕、责、仪、精、专、博、富、明、智、勇、力、安、全、平、顺、敏、思、积、利、健、率、坚、情、养、群、严、慈、创、新、变、革、争、谏、诲、齐、省、克、竞、求、简、洁、强、律。丛书内容丰富、涵盖性强，力图将中华民族传统美德的内涵囊括进去。丛书通过故事、诗文和格言等形式，全面地展示了人类永不磨灭的美德：诚实、孝敬、负责、自律、敬业、勇敢……

这些故事在中华民族几千年的历史长河中，一直被人们用来警醒世人、提升自己，用做道德上对与错的标准；同时通过结合现代社会发展，又使其展现了中华民族在新时代的新精神、新风貌，从而较全面地展示了中华民族的美德。

在本套丛书中，为了帮助读者更好地理解这些源远流长的传统美德，我们还在每一篇故事后面给出了"故事感悟"，旨在令故事更加结合现代社会，结合我们自身的道德发展，以帮助读者获得更加全面的道德认知，并因此引发读者进一步的思考。同时，为丰富读者的知识面，我们还在故事后面设置了"史海撷英"、"文苑拾萃"等板块，让读者在深受美德教育、提升道德品质的同时，汲取更多的历史文化知识。

这是一套可以打动人心灵的丛书，也是可以丰富我们思想内涵的丛书……《中华传统美德百字经》向我们展示的是一种圣洁的、高尚的生活哲学。无论在任何社会、任何时代，给予人类基本力量的美德从来不曾变化。著名的美国政治家乔治·德里说："使美国强大的不是强权与实力，而是上帝赐予的美德。假如我们丢失了最根本且有用的美德，导弹和美元也不能使我们摆脱被毁灭的命运。"在今天，我们可能比任何时候都更应关心道德问题，尤其是青少年的道德问题，因为今天我们正逐渐面临从未有过的道德危机和挑战。

人生的美德与智慧就像散落的沙子，我们哪怕每天只收集一粒，终有一天能积沙成塔，收获一个光辉灿烂的明天。《中华传统美德百字经》中的美德故事将直指我们的内心，指向人性中善良的一面，唤起我们内心深处的道德感。因此，中华民

前 言

族的传统美德也一定会在我们的倡导和发扬之下，世世传承，代代延续！

全套丛书分类编排，内容详尽、文字优美、风格独具，是公民，尤其是青少年思想道德建设的优秀读物。愿这些恒久流传的美文和故事能抚平我们每个人驿动的心，愿这些优秀的美德种子能在青少年身上扎根、发芽、生长……

求·求索攻坚

求索攻坚所体现的，是一种不囿陈说、追求真理的勇气，一种排除万难、坚韧不拔的精神。这正是在精神文明创造道路上不断攀登的最可贵品质。中华民族是一个善于发明、勇于创造、不断进取的民族。几千年来，求索攻坚已成为中华民族传统美德的重要内容，成为中华民族屹立于世界民族之林的强大动力。

"求索"一词源于战国时期伟大的爱国主义诗人屈原的名篇《离骚》："路漫漫其修远兮，吾将上下而求索。"意思是说，尽管前进的道路漫长遥远，但我还要以上天入地、锲而不舍的精神去探寻，直至达到胜利的目标。"攻坚"是指作战时进攻敌人坚固的堡垒、城池。叶剑英元帅在他的诗句中曾形象地引用过"攻城不怕坚，攻书莫畏难，科学有险阻，苦战能过关。"

准确地说，求索攻坚就是以实事求是的科学态度，勇于献身的高尚品质，去不断追求真理，不懈地攻克科学的堡垒。

几千年的中华文明史，同时也是一部中国人民不断进取、求索攻坚的奋斗史。它在中华民族的史册上光耀夺目，激励着一代又一代中华儿女上下求索、奋斗终生。

西汉史学家司马迁，忍受腐刑之辱，历时几十载，著成《史记》，被后人誉为"史家之绝唱，无韵之《离骚》"。东汉末年的著名医学家华佗，用自己的身体做试验，发明了"麻沸散"，解除了从前给人做手术带来的剧烈痛苦，这一发明比西医用的麻醉药早1600余年。三国时期的机械革新家马钧，在制造龙骨水车、指南车中所运用的机械原理领先于世界800多年。在社会科学上，南北朝时期的哲学家范缜针对佛教盛行坚持真理，著《神灭论》，有力地打击了有神论者的嚣张气焰。

中国古代伟大的科学家与发明家，在求索攻坚的道路上，都为后人留下了宝贵的精神遗产，也使中国的四大发明传播世界各地，为世界文明作出了贡献。

至近现代，无数仁人志士与爱国科学家继承和发扬了中华民族传统美德的精髓，他们面对半殖民地、半封建的旧中国，奋力走出一条科学救国、振奋民族精神之路。如地质学家李四光，针对外国学者的中国第四纪无冰川说，跋山涉水，考察大半个中国，有理有据地驳斥了洋人这一荒谬的结论，为中国石油工业的发展奠定了基础。爱国铁路工程师詹天佑面对洋人对中国人自己修筑京张铁路的冷嘲热讽，大胆探索，成功地运用"人字形"施工法，高效快速地建成京张铁路，令外国工程师瞠目结舌。

近现代爱国科学家求索攻坚，把自己的学识与才华和祖国的命运联结在一起。他们不仅在科学的高峰上不断攀登，同时向旧制度挑战，为建设一个光明的新中国奋斗不止。

从对以上历史发展轨迹的寻觅，我们不但可以从科学家们所获得的杰出成果中受到教益，更可以从他们追求真理、献身学术、求索攻坚、造福民众的高贵品质中得到启迪，受到鼓舞。

人类的进步，社会的发展，离不开无数劳动者在各条战线的辛勤劳动和刻苦攻关。尤其是世界进入"信息时代"，知识更新加快，更要求我们的青少年——未来的攻坚者，树立科学报国、为迎接新技术革命挑战的心理准备，时刻迎接着中华民族腾飞于世界民族之林的光辉日子。

目录

ZHONGHUACHUANTONGMEIDEBAIZIJING

中华传统美德百字经

求·求索攻坚

第一篇

攻坚自强

裴秀和"制图六体"

◎人生的价值，即以其人对于当代所做的工作为尺度。——徐玮

裴秀（224—271年），字季彦，魏晋期间河东闻喜（今山西省闻喜县）人。一生的主要活动是在政治方面，但却是我国历史上一位杰出的地图学家。

裴秀是西晋人，是绘制地图的专家。他创立了一整套绘制地图的理论，叫"制图六体"。因此，人们把裴秀称为"中国科学制图学之父"。

在西晋之前，绘制地图没有一定的规矩。绘制的地图粗糙，不精确，与实际情况不相符合，既没一定的比例，也没标定方位。裴秀根据这些地图实地考察，常常闹出笑话。地图上绘的是一小块地方，可是跑到实地一看，那里竟是广阔无边的一大片平原，只是因为没有人居住，地图上就绘成了一小块。在裴秀以前，人们不知道用比例尺，绘制的地图大得惊人。有一张叫《天下大图》的地图，是用80匹绢连接起来绘成的。看的时候，要找一块又宽广又平坦的地面才能铺得下，看的时候需在图上爬来爬去。

绘制西晋地图时，裴秀阅读了大量古籍图册，跑了许多地方，访问了许多老人，进行了大量细致的调查研究。在此基础上，裴秀画了一张又一张草图，终于绘制成了《禹贡地域图》18篇。这18篇地图，对古代九州、西晋时的十六州以及郡国县邑的疆界和所属的乡村、古今地名的对照、水陆交通路线等等，全部标写得清清楚楚。

更可贵的是，裴秀在绘制地图过程中创立了一套绘制地图的理论，总结

了绘制地图的规则，即"制图六体"。"制图六体"就是现在人们在地图上和地理书上常常看到的有关比例尺（分率）、方位（准望）、路程距离（道里）、地势高低（高下）、角度大小（方邪）和曲直（迂直）六个方面的基础知识。这些知识在1700多年以前要创立是非常不容易的。

◎故事感悟

中华民族的先驱对学术的不懈求索解决了许多在当时看似不可能解决的问题，为后人留下了宝贵的精神和物质财富。正是有无数个像裴秀这样的求索攻坚的人，才构筑了我们中华民族灿烂的文明。

◎史海撷英

西晋兵制

西晋时，世代为兵的士家（兵家）继续存在，同时也实行募兵，并征发良人来补充兵源。中央直辖一些精锐部队，称为中军，宿卫官殿和首都，分别由领军、护军、左卫、右卫、骁骑、游击等六将军统领。中军被派遣到地方驻屯或作战，则称为外军（一说外军是洛阳城外诸军）。领军、护军将军还主管武官的选拔任用。西晋初，刺史加将军号，统领州郡兵。平吴以后，刺史专理民事。另有都督（资历稍浅者称监或督）管理某州或某几州诸军事，大都由诸王担任，驻守军事要地，统领州郡军队。他们有处死部下的权力，依使持节、持节、假节三级称号而范围大小不同。都督的主要僚属由中央任命，以防止都督专擅。都督起初不一定管地方行政，西晋末年开始例行兼领治所所在的刺史职务。

西晋分封宗室为王，封国内民户的租调，三分食一。东晋渡江以后九分食一。诸王主要职责在于分驻军事重镇。西晋初年所封诸王，其封国大都在都督区内。八王之乱后期的主要人物齐王冏、成都王颖、河间王颙、东海王越是统领重兵坐镇许昌、邺、长安和下邳的都督，这时封国所在已经和都督区没有关系。

◎文苑拾萃

地图图例

　　地图图例是集中于地图一角或一侧的地图上各种符号和颜色所代表内容与指标的说明，有些地图集还有图例专页，是识别地图内容的主要工具。图例内容由地图主题及其表现形式和表示方法决定，但其本身应内容完整，结构严谨；符号和颜色的含义要明确，命名应科学、简练、通俗，便于理解和记忆。

　　图例的编排要合乎逻辑。在地形图、普通地图上，编排次序一般为居民地、交通、境界、水系、地貌、植被土质等。在专题地图上，应先主后次，先排第一层平面，然后安排第二、三层平面的内容。类型图、区划图等图例排列应根据一定的分类体系和分级顺序，表示自然要素质量特征的，一般先安排地带性，后安排非地带性类型，水平地带类型一般从北到南按顺序排列，垂直地带类型从高到低排列。凡反映时代年龄和发育程度的地图均由新到老、由发育不成熟到成熟顺序排列。表示数量分级的图例，一般由小到大、由低到高顺序排列。当制图对象严格按两种指标划分类型时，图例如用表格式排列组合，更能直观地体现其分类原则和指标。

扁鹊开中医之先河

◎天下之通道五，所以行之一，曰勉。——扬雄

扁鹊（生卒年不详），原姓秦，名越人，又号卢医，中国春秋战国时期名医。渤海郡郑（今河北任丘）人，一说为齐国卢邑（今山东长清）人。由于他的医术高超，被认为是神医，所以当时的人们借用了上古的传说黄帝时神医"扁鹊"的名号来称呼他。扁鹊奠定了中医学的切脉诊断方法，开启了中医学的先河。相传有名的中医典籍《难经》为扁鹊所著。

年轻的时候，扁鹊曾拜长桑君为师学习医术。但他并不以师传为满足，而是重视实际探索，凡是都要问个为什么。他几乎读完了前人所留下来的所有医学著作，在东西南北各地往来行医。他一丝不苟地为病人治病，疗效很高。人们把他比作上古黄帝时的神医扁鹊，称他为"扁鹊先生"。

扁鹊认真地汲取了前代医家的医学经验，又根据自己多年的行医实践经验，创立了一套完整的诊断原则，即望（观气色）、闻（听声音）、问（问病情）、切（切脉理），奠定了中医治疗方法的基础。在治疗的具体方法上，扁鹊研究并熟练地掌握了当时已经得到普及与发展的砭石、针灸、按摩、汤液、熨帖、手术、吹耳、导引等方法。

扁鹊行医期间，有时去齐国，有时去赵国，足迹遍及今河南、河北、陕西一带。他随俗而变，根据当地人民的实际需要，有时作"带下医"（妇科），有时作"耳目痹医"（五官科），有时又作"小儿医"（小儿科）。他全面而又高超的医术受到了人们的普遍赞誉。

扁鹊还很有些哲人的头脑，他提出了"六不治"原则，把骄横放荡蛮不讲理、看重财物而轻视生命列为"六不治"之首，信巫不信医也是他所认为的不治之症。这种朴素的唯物思想，对破除迷信、促进医学的发展，起了很大作用。在处理具体病案时，扁鹊往往采用多种方法兼用的综合疗法。这也是他医术高明的一个重要原因。

有一次，扁鹊外出行医路过虢国，听说虢国的太子突然死了。在扁鹊看来，这件事很可疑，因为从太子发病的症状上看，得这种病的人不可能很快死掉。他决心要探个究竟，就急忙向虢国王宫奔去。当扁鹊跑到宫里的时候，宫中里里外外正忙碌着替太子办理后世，准备成殓下葬。扁鹊叫人向国君说明自己的来意。国君一听是医术精湛的扁鹊先生来了，就欣然同意让他见"已故"的太子了。

来到太子身边，扁鹊进行各方面的观察，他发现太子虽然没有呼吸了，但两腿内侧还有余温，便当机立断地说："陛下，恕我狂妄，据我观察，太子并不是真死，而是一种'尸蹶病'。陛下可放宽心，太子还有治好的希望。"国君一听，欣喜而又急切地请求扁鹊赶快给太子治理。于是扁鹊大胆地在各个穴位上给太子针灸，不一会儿，太子就面色潮红，有了微弱的呼吸；接着他又为太子熨帖，太子的呼吸由弱变强了；随后他又给太子灌了一些汤液。没到一顿饭的工夫，太子的身体动起来了；又过了一会儿，太子睁开眼睛，挣扎着坐了起来。太子果然又活了过来，国君异常惊喜，再三向扁鹊道谢。大臣和百姓们相互传颂着名医扁鹊使太子起死回生的消息。

扁鹊见太子一切正常，没有什么危险了，就留下药方走了，太子服了二十天的汤药，完全恢复了健康。

后来扁鹊行医到了秦国，秦国的太医令李醯对他很忌恨，害怕医术比自己高明的扁鹊到来会危及自己的地位，于是千方百计派人加害扁鹊。扁鹊心底无私，只知专心为病人治病，力求解除病人的痛苦，哪里会晓得这些阴险毒辣的内幕，最终被李醯害死了。

◎故事感悟

　　扁鹊通过学习、实践、不断探索，掌握了渊博的医学知识和高超的医术，因此在行医过程中才会表现出起死回生的精湛技艺。他创立的望、闻、问、切诊断原则和方法直到今天还沿用着，他成为历史上具有传奇色彩的医学人物。

◎史海撷英

春秋时期的官制

　　春秋时期，王室或侯国中职位最重要者为卿士，是君主的辅佐，当时简称为卿。一般高级官吏皆由大夫充任，而大夫中能秉国政者则号为卿。在卿位者多为公子、公孙。晋国情况略异，卿常由异姓大夫担任。

　　卿除主政外，作战时或充当将帅。春秋早期，周王室之左、右卿士及齐之国、高二氏，分别担任左、右军之军帅。以后卿人数渐渐增多，如郑、宋有六卿，晋最多时可达十二卿，而掌实权者仍是其中的一二人，他们被称为正卿、冢卿，郑则称为"为政"或"当国"，以区别于其他的卿。在卿位者仍有具体官职，如鲁的三桓，分别担任司徒、司马和司空；宋的正卿任右师、大司马、左师、太宰等职；楚之二卿为令尹、司马。卿的官位常是世袭的，故当时称之为"世卿"。

◎文苑拾萃

黄帝内经

　　《黄帝内经》是中国传统医学四大经典著作（《黄帝内经》、《难经》、《伤寒杂病论》、《神农本草经》）之一，也是我国医学宝库中现存成书最早的一部医学典籍。它是研究人的生理学、病理学、诊断学、治疗原则和药物学的医学巨著，在理论上建立了中医学上的"阴阳五行学说"、"脉象学说"、"藏象学说"、"经络学说"、"病因学说"、"病机学说"、"病症"、"诊法"、"论治"及"养生学"、"运气学"等学说。其医学理论是建立在我国古代道家理论的基础之上的，反映了我国古代天人合一思想。

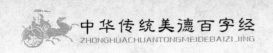
祖冲之求索驳权臣

◎大川不能促其涯，以适速济之惰；五岳不能削其峻，
以副陟者之欲。——葛洪

祖冲之（429—500年），我国杰出的数学家、科学家。南北朝时期人，字文远。祖籍范阳郡遒县（今河北涞水县）。从小接受家传的科学知识。青年时进入华林学省，从事学术活动。一生先后任过南徐州（今镇江市）从事史、公府参军、娄县（今昆山市东北）令、谒者仆射、长水校尉等官职。其主要贡献在数学、天文历法和机械三方面。

　　祖冲之一家几代人对天文、历法以及机械制造方面都有比较深入的研究。在这样的家庭气氛熏陶下，祖冲之自小就受到了良好的教育，读了不少书，大家都称赞他是个博学的后生。他特别爱好数学，也喜欢研究天文、历法，经常观测太阳和其他星球运行的情况，每一次观测都做一次详细的记录。

　　宋孝武帝刘骏听到关于他的情况，派他到一个专门掌管学术研究的官署"华林学省"工作。他对当官并不感兴趣，但在那里便于博览群籍，可以更加专心研究数学、天文、历法，于是他就应召赴任了。

　　在祖冲之以前，有个名叫刘徽的数学家，利用割圆术从圆内接正六边形算起，边数逐步加倍，一直算到圆内接正192边形的面积，算得了圆周率即 π 的近似值为3.14。祖冲之应用了刘徽的割圆术，并在刘徽的计算基础上继续推算，求出了精确到小数点之后第7位有效数字的圆周率，即 $3.1415926 < \pi < 3.1415927$。这一结果，相当于需要对九位数字的大数目进行各种运算（包括开方在内）130次以上，这在今天用笔算运算也是一项十分繁复

的工作，而在当时是用算筹运算的，更不知要艰巨多少倍。从这里，可以看到祖冲之付出了多么巨大的劳动，需要多大的毅力和信心。

祖冲之所求得的圆周率数值，远远地走在了世界的前列。直到1000年后，15世纪阿拉伯数学家阿尔·卡西于1427年著《算术之钥》和16世纪法国数学家维叶特于1540—1603年才求出更精确的数值。为了计算方便，祖冲之还求出用分数表示的两个圆周数值，一个是355/113，称为密率；一个是22/7，称为约率。密率是分子、分母在1000以内表示圆周率的最佳渐近分数。在欧洲，16世纪的鄂图和安托尼兹经过运算，才得出这个数值。

在天文学领域中，祖冲之也取得了辉煌的成就。他在探古今之异，观华戎之要，对历代历法进行系统的研究过程中，一方面开动思想机器，极力思考研究的途经和方法；一方面坚持实际观测，亲自用圭尺量日影、亲自观测漏时计的情况，一丝一毫也不肯马虎而过。通过对历代历法的研究，他发现古时的历法疏误之处很多，划分得也不精密。他指出了天算历法家刘歆、张衡、刘徽、何承天等人的不足，大胆地提出了改革历法的主张。根据长期观测的结果，他创造出一种新的历法，叫作"大明历"。这一历法测定的每一回归年的天数跟现代科学测定的结果只相差50秒，测定月球环行一周的天数，跟现代科学测定的结果相差不到1秒，可见它的精确程度了。

研究和推行科学，不仅要受到客观条件和科学研究方法的制约和限制，而且还要受到来自社会的传统观念和传统势力的阻挠。462年，祖冲之请求宋孝武帝颁布新的历法，宋孝武帝便召集群臣商议。

当时，有一个皇帝宠幸的大臣戴法兴出来反对。戴法兴拘泥于陈腐的传统观念，抱残守阙，无视祖冲之提出的"冬至所在，岁岁微差"的事实，对祖冲之横加非难。他认为祖冲之擅自改变古历法，是离经叛道的行为，提出古人的章法不能改变，攻击祖冲之改革闰周是"削闰坏章"。祖冲之没有被戴法兴的攻击诬蔑吓倒，他当场用自己研究的数据回驳了戴法兴。

戴法兴仗着皇帝对他的偏爱，蛮横地说："历法是古人制定的，后代人不应当改动。"祖冲之据理力争，严肃地说："你如果有事实根据，就只管拿出来辩论，不要拿空话吓唬人嘛。"宋孝武帝为了帮助戴法兴，找来一些懂历法的

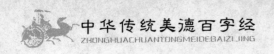

人跟祖冲之辩论，也一个一个地被祖冲之驳倒了。

尽管如此，由于戴法兴是宋孝武帝刘骏的宠臣，大家都畏惧他的权势，既然戴法兴对祖冲之提出异议，商议的人就都跟着戴法兴附和，以免得罪于他。当时，支持祖冲之观点的朝臣只有一人。这是一场科学与反科学的论战。事后，由于宋孝武帝还是不肯颁布新的历法，直到祖冲之去世10年之后，他创制的大明历才得到推行。事实验证了祖冲之生前的预言，即大明历的推行势在必行。

除了在数学、天文历法方面的贡献外，祖冲之还是个多才多艺的机械发明家。他制造的指南车，不管车身怎样转弯，车上的铜人总是指向南方；他还制造了"千里船"，在新亭江上试航过，一天可航行100多里；他又利用水力转动石磨，叫做"水碓"，可用来舂米碾谷子。

◎故事感悟

祖冲之勤于治学，善于分析思考，治学态度严谨，善于从前人的科学思想和成就中吸收丰富的营养，但不虚推古人，富于批判精神和探索的勇气，在掌握大量资料的同时，坚持实际考核验证，既继承了前人的成就，又纠正了前人的错误，攻克了一个又一个科学难关。他这种求是创新、勇于探索的精神也是一切科学家和改革家所应具备的宝贵品格。

◎史海撷英

祖冲之引入岁差

祖冲之在历法研究上的一个重大成就，就是破天荒第一次应用了"岁差"。根据物理学原理，刚体在旋转运动时，假如丝毫不受外力的影响，旋转的方向和速度应该是一致的；如果受了外力影响，它的旋转速度就要发生周期性的变化。地球就是一个表面凹凸不平、形状不规则的刚体，在运行时常受其他星球吸引力的影响，因而旋转的速度总要发生一些周期性的变化，不可能是绝对均匀一致的。因此，每年太阳运行一周（实际上是地球绕太阳运行一周），不可能完全回到上一年的冬至点上，总要相差一个微小距离。按现在天文学家的精确计算，大约每年相差50.2秒，每71年8个月向后移一度。这种现象叫作岁差。

随着天文学的逐渐发展，我国古代科学家们渐渐发现了岁差的现象。西汉的邓平，东汉的刘歆、贾逵等人都曾观测出冬至点后移的现象，不过他们都还没有明确地指出岁差的存在。到东晋初年，天文学家虞喜才开始肯定岁差现象的存在，并且首先主张在历法中引入岁差。他给岁差提出了第一个数据，算出冬至日每50年退后一度。后来到南朝宋的初年，何承天认为岁差每一百年差一度，但是他在他所制定的《元嘉历》中并没有应用岁差。

祖冲之继承了前人的科学研究成果，不但证实了岁差现象的存在，算出岁差是每45年11个月后退一度，而且在他制作的《大明历》中应用了岁差。因为他所根据的天文史料还是不够准确的，所以他提出的数据自然也不可能十分准确。尽管如此，祖冲之把岁差应用到历法中，在天文历法史上却是一个创举，为我国历法的改进揭开了新的一页。到了隋朝以后，岁差已为很多历法家所重视了，像隋朝的《大业历》、《皇极历》中都应用了岁差。

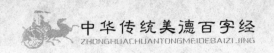

郦道元专注《水经注》

◎成大业，致大名，绝非逸豫可得，必自刻苦中
来。——《幽梦续影》

> 郦道元（466—527年），字善长，范阳涿鹿（今河北涿县）人，北魏时期杰出的地理学家、散文家，一生勤奋好学，既周览典籍，又重视实地踏察，为后世留下了不朽的地理学专著——《水经注》。

少年时，郦道元喜好读书，尤其喜欢读那些记录山川地势、风俗人情、掌故传说一类的书籍。他常常在梦中游历那些名山大川，山势的险峻雄奇，江河的汹涌巨涛，常常使他在梦中惊醒。他也幻想着有一天能走遍神州的山山水水，那些奇山秀水、历史掌故及优美的传说多么令人心驰神往啊！

很小的时候，郦道元跟随父亲去了山东。后来长大了，他又先后在山西、河南一些州郡任地方官。所到之处，他搜集地图，按照地图所示，亲自到旧址遗迹踏察；每到一处，就造访该地的大江和河渠。

在从事地理研究和考察的过程中，郦道元逐步觉察到以往的地理著作，诸如《山海经》、《禹贡》、《周礼·职方》、《汉书·地理志》等，在记述山川地理情况方面，都失之简略，赋一类的作品由于体裁的限制，更不能畅述达意，比较著名的《水经》，虽然记载了很多大川水渚，但都极粗略，属于纲领性的记载，而且只记述水道，至于水道以外的其他地理情况，罕记一二。

郦道元清醒地认识到，地理现象是在不断变化着的，随着时光的流逝和年代的推移，人们对于上古地理情况的认识已很渺茫，加上部族的迁徙、城市的兴亡、河道的变迁、地名的更换等，地理情况发生了复杂的变化，正所谓沧海桑田。历史上的著作，已经不能满足人们现实的需要了，他还觉得把历史上的地理变迁尽可能详细地记录下来，可备遗忘，可订正舛误，也可以方便查阅，减轻不少翻阅史卷的麻烦，这是十分有益的事。因此，郦道元决心写出一部超出前人而又有益后世的地理学著作。

在郦道元以前，三国时期的桑钦所写的《水经》一书简要地记述了全国137条水道。郦道元以《水经》为蓝本，经过艰苦的努力，最后著成了描述全国地理情况的《水经注》。

《水经注》的内容十分丰富，郦道元以大量的地理事实详注《水经》，并系统地进行了综合性的记述，既赋予地理描写以时间的深度，又给予许多历史事件以具体空间的真实感。书中以河道水系为纲，详细地记录了河流流经地区的地形、物产、地理沿革等，尤其对于河流分布、渠堰灌溉以及城市位置的沿革记述最为详细，而且具有清楚的方向、道里等方位和数量观念。全书在一定程度上反映了当时的地理面貌。有些地区我们可以依据《水经注》较真实地复原一千四五百年前的地理情况，对现今的经济建设仍有一定的参考价值。

《水经注》共计40卷，记述的河流水道比《水经》所记述的多出1115条，注文20倍于原文，约达30万字，所引用的书籍达430多种。如果没有长期的资料积累和深入广泛的实际考察，何以做到这一步？《水经注》对地理情况的记述纵横交错、泾渭分明、描写生动、文字优美，可以说《水经注》是一部兼有文学和史学价值的地理名著。如果没有精熟的构思和非同寻常的文字锤炼正夫，又何以至此？

只可惜，这位杰出的地理学家后因执法严峻并弹劾汝南王元悦，遭元悦忌恨，于527年受谗言加害，被雍州刺史萧宝夤杀害。执著求索真善的理想在宦海中换来的却是生命的代价！

◎故事感悟

翻开每一部历史，都能看到创业者跋涉的脚印，他们在求的道路上凭着一份认真、一份执著，凭着严谨的做事态度，致力于对事物的钻研和不断开拓，最终获得成功。郦道元的故事告诉我们，世上无难事，只怕有心人。在生活中，我们要学会不断思考，并善于通过观察和实际行动来解决问题。只有这样，我们才能为人类创造出更多、更丰富的财富。

◎史海撷英

北魏攻夏统万城之战

北魏始光三年（426年）九月，北魏太武帝拓跋焘闻夏主赫连勃勃卒，诸子互相残杀，局势动荡，遂遣司空奚斤率兵4.5万袭夏蒲坂，宋兵将军周几率万人袭陕城。十月，魏帝自平城出发，于十一月进至君子津，时值黄河封冻，遂率轻骑2万越河袭夏国都统万城。此城始建于东晋义熙九年（413年），夏国役使10万劳力、历时七载建成；城坦高约8丈，基厚30步，上广10步，宫墙高约4丈，蒸土筑就，锥不能进，异常坚固。夏主赫连昌见魏军来攻，率兵出战，败退入城。魏军于城北大肆抢掠，俘、杀数万人，得牛马十余万。因城坚难下，遂徙其民万余家而还。夏弘农太守曹达闻周几将至，不战而走。周几长驱直入三辅。奚斤攻克蒲坂，并于十二月率兵进入长安，秦、雍氐羌皆降于魏。北凉主沮渠蒙逊及氐王杨玄均遣使附魏。

次年正月，魏帝还平城，闻夏主命平原公赫连定率兵2万往攻长安，遂下令大造攻具，再谋攻夏。并于三月命高凉王拓跋礼镇守长安，另遣将于君子津造桥。四月，魏奚斤军与夏军相持于长安。魏帝欲乘虚袭统万，命司徒长孙翰等率3万骑为前驱，常山王拓跋素等率步兵3万为后继，南阳王伏真等率步兵3万运送攻具，另以将军贺多罗率精骑三千居前为候骑，充当前哨。五月，魏帝留下龙骧将军陆俟督诸军以防柔然，自率众离平城，从君子津渡河至拔邻山筑城。

这时，拓跋焘突发奇想，打算巧攻统万城，决定留下所有步兵，自己亲率骑兵去进攻。所有大臣都认为步兵是攻坚主力，不可舍弃。拓跋焘力排众议，说道："用兵之术，攻城最下。必不得已，然后用之。今以步兵，攻具皆惊，彼必惧而坚守。若攻不时拔，食尽兵疲，外无所掠，进退无地。不如以轻骑自抵其城，彼见步兵未至，意必宽弛；吾羸形以诱之，彼或出战，则成擒矣。所以然者，吾之军士去家两千余里，又隔大河，所谓'置之死地而后生'者也。"这便是拓跋焘给群臣的理由。于是拓跋焘留下大多数大臣和所有的步兵以及辎重，以轻骑3万倍道先行。六月，魏帝率军至统万，分兵埋伏于深谷之中，以少数人马至城下诱战。夏军坚守不出。魏帝退军示弱，另遣五千骑西掠居民。北魏以少量骑兵直抵城下，故意示弱，诱固守之夏军脱离坚城。夏主得知魏军粮尽，且步兵未至，乃急率步骑3万出击。魏帝收众伪遁，引而疲之。夏军分两路追击。时遇风雨，飞沙蔽天，魏军逆风，不利作战。魏帝分出两队精锐骑兵为左右两队，绕到夏军主力身后而顺风击之，大败夏军。赫连昌不及入城，逃奔上邽。魏军入统万城，获夏王、公、卿、将、校及后妃、宫人等以万数，府库珍宝、器物不计其数，马50余万匹，牛羊数千万头。与魏军相持于长安的赫连定闻统万已破，亦奔上邽。魏帝率军东还，以拓跋素为征南大将军，与执金吾桓贷、莫云留镇统万。

刘知几对史学的探索

◎燕雀戏藩柴，安识鸿鹄游。——曹植

刘知几（661—721年），字子玄，彭城（今江苏徐州）人。唐高宗永隆元年（680年）举进士。武则天长安二年（702年）开始担任史官，撰起居注，历任著作佐郎、左史、著作郎、秘书少监、太子左庶子、左散骑常侍等职，兼修国史。长安三年与朱敬则等撰《唐书》80卷。后与徐坚等撰《武后实录》，与谱学家柳冲等改修《氏族志》。至开元二年（714年）撰成《姓族系录》200卷，四年与吴兢撰成《睿宗实录》20卷，重修《则天实录》30卷、《中宗实录》20卷。

刘知几是唐代著名的史学家，也是中国古代史上杰出的史学评论家。他所著的《史通》是中国第一部比较系统的史学评论专著，在中国史学史上占有重要的地位。

刘知几诞生于世禄之家，有着良好的家学渊源。他的祖父刘胤之、父亲刘藏器都是通晓经史之士。刘知几自幼便习经游艺，博览群籍。刘知几很有个性，在读书方面，不唯命是从、依样画葫芦、盲目因循，而是依性情学习，以理解为快，在理解基础上展开学习。

17岁时，刘知几读遍了唐以前的各代正史和实录，并注意到了"古今沿革，历数相承"的问题。20岁科试中举后，任获嘉县主簿，有不少时间读史。他如饥似渴地阅读从官府和个人手中借来的史书，扩大了历史知识，增长了对史学的认识，并有了不少心得，如认为班固的《汉书》不该立《古今人表》，谢沈的《后汉书》应该为更始皇帝刘玄立"纪"等。当时的一些学者听说此事，都认为他年少轻狂，胡言乱语，但刘知几仍坚持自己的见解。他带着批判的眼光去批注史书，研究史学。这种学术作风，为其日后在史学上的建树提供了主观条件。

刘知几过了不惑之年，才开始担任史官。先以著作郎兼修国史，不久迁居左史，编撰起居注。担任史官，对具有浓厚史学兴趣和较高史学修养的刘知几来说，可谓用得所学、任当其职了。刘知几立志成就足以惩恶劝善传诸不朽的良史，然而事实并非如他想的那么完美、那样从心所欲。监修国史的官员，既不晓疏通知远之旨，又不娴属辞比事之法，指手画脚，摘取名誉。而且，监修又不止一人，他们之间意见又常常不一致，使亲自编写的人不知道如何是好，加之世家大族对修国史横加干预，要尽快修成国史是很难的。倔强的刘知几经常和监修争执，但自己的见解得不到监修的采纳，于是，刘知几为了实现自己的愿望，便私下著《史通》，从而走上了史学批判的道路。

《史通》对唐以前的史学进行了全面而深入的探讨，建立了体用统一、文质相济的史著理想模式。在史书体裁上，对以往各家各派的史书体裁进行了分析和比较，认为断代纪传体是史书内容赅备和维持一代之史完整的形式保证。刘知几重视义例，以求得史学目的和史书编纂方法的统一，他把儒家名教观念作为义例的本质。在史书内容上树立了真实、赅备两条重要标准，在史书的整体结构和叙述上，追求爽洁和凝练的风格，把史用贯穿于史书编纂的各个环节中。

刘知几还阐释了史兼"三长"、直书为贵的史家修养论。他一方面继承了孔子、孟子、班固、范晔等先代史家开列的"文"、"事"、"义"等范畴，并把它提升到史家主体这一层次来探讨；另一方面又袭取了刘邵《人物志》中提出的兼才三品的形式，对史学家提出了才、学、识三个方面的要求。在他看来，"识"是既相对独立又贯穿于"才"、"学"之中并起统率作用的主导要素。

刘知几还提出了兼善忘私、因俗随时的史学承创原则。这两条具有鲜明时空性的原则，既是他对历史人事的评价原则，又是他在史学领域继承和创新的原则，冲击了泥古的积习和主观任意的偏见，具有一定的开放性。

刘知几是对唐以前史学加以系统总结的第一人，对史识和史学的功能起了澄清和扶正作用，为唐以前史学落下了帷幕。他维护史学的客观性，重视和强化史学的经世功能，和唐以后史学重制度、求沿革的脉博是一致的。尤其他强调史家自身修养，促进了史家自我意识的觉醒，这构成了唐以后史学的一个潜在的变奏。所以从思想精神的取向上看，刘知几的史学批判是继往开来的史学驿站。

◎故事感悟

刘知几在史学上能取得如此巨大的成就，与他基于理性、追求真理、勇于探索的勇气和韧劲密不可分。面对浩如烟海的史籍，他不畏艰难；监修和世家大族的淫威，他不惧怕；奉为圣人的"至理名言"他也实事求是地加以分析、批驳，最终写出了"疑古"、"惑经"等闪烁理性光芒的奇文卓篇。刘知几追求真理的勇气和敢于探索的精神，永远值得我们继承和发扬。

◎史海撷英

永贞革新

永贞革新是中国唐代顺宗时官僚士大夫以打击宦官势力为主要目的的改革，因发生于永贞年间，故名。唐代从玄宗时的高力士开始，出现宦官擅权现象；到肃宗时的李辅国，宦官又掌握了军权。到唐中后期宦官的专恣骄横，引起皇帝和某些官僚士大夫的不满。

永贞元年（805年），唐顺宗李诵即位，他的东宫旧臣王叔文、王伾居翰林用事，引用韦执谊为宰相。他们与柳宗元、刘禹锡等人结成政治上的革新派，共谋打击宦官势力。朝廷宣布罢宫市和五坊小儿，停19名宦官的俸钱，任朝臣范希朝为左右神策京西诸城镇节度使，韩泰为行军司马，以图逐步收夺宦官的兵权。此外，顺宗和革新派还罢免贪官京兆尹李实，蠲免苛杂，停止财政上的"进奉"。

这些改革都具有进步性，但引起以俱文珍为首的宦官集团及与之相勾结的节度使的强烈反对。最后，俱文珍等人发动政变，幽禁顺宗，拥立太子李纯。王叔文被贬后赐死，王伾外贬后不久病死，柳宗元、刘禹锡、韩泰、陈谏、韩晔、凌准、程异及韦执谊八人均被贬为外州司马，史称二王八司马。革新历时一百余日，以失败而告终。

◎文苑拾萃

《史 通》

　　《史通》，第一部系统性的史论专著。史论又称史评，包括的范围十分广泛，基本上可以概括为史学理论和史学批评两大类。

　　《史通》包括内篇三十九篇、外篇十三篇，其中内篇的《体统》、《纰缪》、《弛张》三篇在北宋欧阳修、宋祁撰《新唐书》前已佚，全书今存四十九篇。内篇为全书的主体，着重讲史书的体裁体例、史料采集、表述要点和作史原则，以评论史书体裁为主；外篇论述史官制度、史籍源流并杂评史家得失。

　　《史通》总结了唐初以前编年体史书和纪传体史书在编纂上的特点和得失，认为这两种体裁不可偏废，而在此基础上的断代为史则是今后史书编纂的主要形式。它对纪传体史书的各部分体例，如本纪、世家、列传、表历、书志、论赞、序例、题目等，作了全面而详尽的分析，对编写史书的方法和技巧也多有论述，这在中国史学史上还是第一次。

僧一行研究探索历法

僧一行（683—727年），本名张遂，是中国唐代的天文学家和比丘。邢州巨鹿人（今河北省邢台市），青年时期出家当了和尚，一行是他的法名。青少年时期就刻苦好学，掌握了渊博的学问。曾经到长安城内藏书很多的元都观借书阅览。稍后他为了学习数学知识，又徒步跋涉几千里，寻访知名的人去请教。

僧一行是唐代出自佛门的杰出科学家，也是中国古代佛教界的著名人物。

一行从小刻苦好学，博览经史，尤精于历象、阴阳、五行之学。武则天的侄子武三思羡慕一行的才学和名望，想跟他交结，千方百计地去讨好他。当时武三思结党营私、败坏朝政的恶名，世人皆知，但碍于武三思是皇亲国戚，没人敢指责他，一行不想和这类恶名传千里的人交往，便出家当了和尚，隐居在河南嵩山，师事普寂和尚。

睿宗即位，征僧一行入朝，他以身患疾病推辞了。因为他看厌了世俗的夺权争利的丑剧，不愿投迹其中。尽管如此，他对天文、历象之学的兴趣仍始终未减。出家之后，他仍然勤奋攻读。为了精研数学，他曾长途跋涉前往荆州当阳山（今属湖北），随悟真和尚学习。

开元五年（717年），唐玄宗强征一行入京（当时为长安，即今西安）。当时的麟德历行用已久，误差很大。玄宗命令一行等人参考先代各家历法，编撰一部新历法。一行虽然很不情愿，但因具体工作正是他乐于钻研的，所以就非常认真地工作起来。他对前人的历法不是采取一些简单的增损修改，而是在前人的基础上，大胆创新。为了使历法与实际天象相符，他进行了一系列的实测工作，取得了很多实际资料，从而纠正了前人不少错误，把中国古代历法的制定工作提高到一个新的水平。

一行利用黄道游仪组织了一批天文学工作者进行观测，取得了一系列关于日、月、星辰运动的第一手资料，发现了恒星的位置与汉代相比较，已有相当大的变化。这个发现导致在他的历法里废弃了沿用长达八百多年的二十八宿距度数据，采用了新的数据，从而有助于新历法精确性的提高。

一行从天文学的历史发展中，认识到日、月、星辰的运动是有一定规律的。通过细心地观测，可以初步了解这些规律。但因人们认识水平所限，对这些规律的认识还有一定的局限性，所以根据这些规律推算出来的结果会与实际观测存在误差。从实测中可以修正认识的不足，通过反复观测、修正，就可以得到比较正确的认识。这一思想是非常可贵的。一行正是在这种思想的指导下，从事天文学工作，并突破了前人的成果，取得重大成就的。

为了使新编的历法适用于全国各地，一行领导有关人员进行了一场大规模的天文大地测量。他还发明了一种名为"复矩图"的测量仪器，供测量之用。测量地点共选择12处，分布范围到达唐朝疆域的南北两端，测量内容包括每个测量地点的北极高度，冬、夏至日和春、秋分日太阳在正南方时的日影长度。其中南宫说等人在河南的白马、浚仪、扶沟、上蔡四处的测量最重要。这四个地方的地理经度比较接近，即大致上是在南北一条线上，南宫说等人直接量度了四地的距离，测量的结果证实了自何承天起就被否定了的汉以前关于"南北地隔千里，影长差一寸"的说法，是纯属臆测。

一行从实测中得出了南北两地相差351里80步，北极高度相差1度的结果。我国古制为1里等于300步，1步等于5尺，一周天为365度又四分之一度，换算为现代单位，即为南北相距129.22公里，北极高度相差1度。这实际上就是地球子午线1度的长度。与现测量值1度长111.2公里相较，虽有较大的差误，但这是世界上用科学方法进行的第一次子午线实测。

从实测和对前人谬说的批判中，一行初步认识到，在很小的有限空间范围得到的认识，不能任意向大范围甚至无际的空间推演，这是中国科学思想

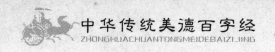

史上的一个重大进步。

经过几年的准备，一行从725年着手编修新历，727年写成了大衍历草稿。然而，也就在这一年他去世了。

大衍历以刘焯的皇极历为基础，加以发展，共分七篇，内容和结构都很有系统，表明中国古代的历法体系已经完全成熟。在明末用西方方法编历之前，各次修历都效仿大衍历的结构。在大衍历中，一行根据实测资料，对太阳系运动的规律作了比张子信和刘焯等人所作的更合乎实际地描述，从而把张子信的发现在历法中得到正确应用。

一行的太阳运动表，即日晷表是根据定气编纂的，即把太阳在一个回归年内所走的度数平分为24等分，太阳每到一个分点就交一个节气。由于太阳运动的不均匀性，所以两个定气之间所需要的时间是各不相同的。为了从数学上处理这个问题，一行创立了不等间距二次内插法。

大衍历在日月食和五星运动计算方面也都有较大的进步，如它考虑到视差对交食的影响，创立了一套计算视差影响的经验公式等等，在我国历法史上占有重要的地位。大衍历推行后，陈玄景、瞿昙譔和南宫说等人起而非难，但经天文观测的实际检验，证明了大衍历比麟德历和印度传入的九执历精密，是当时最好的历法。

◎故事感悟

追求理性就能超越虚幻的信仰；探索科学就会与理性为伴。一行作为古代杰出的科学家，尽管受到当时盛行的儒、道、释等思想的熏陶和影响，思想中存在一些糟粕，但他执著地对属于科学的天文、历算进行探索，所以最终还是成为一个对社会有益的人，在科学史上立下了不朽的功勋。

◎史海撷英

武后登基

永淳二年（683年）高宗去世，中宗李显即位，武氏为皇太后。嗣圣元年（684

年)，废李显为庐陵王，立李旦为帝，武后临朝称制，从此武则天开始了真正独断朝纲的时代。

同年九月，徐敬业(李勣的孙子)在扬州会聚了10万人马，发动了一场针对武则天的叛乱，武则天派遣30万大军迅速平定了叛乱。与此同时，武则天诛杀了顾命大臣裴炎等人，基本清除了朝中的反对派；她还设计逼反李唐宗室，借机大开杀戒，扫除称帝的障碍。为了打击潜在的对武则天不满的人，垂拱二年(686年)三月起，武则天开始奖励告密，任用酷吏。在打击反对派的同时，武则天还造祥瑞，建明堂，并在佛教经典《大云经》中找到了女人称帝的依据，为自己称帝大造舆论。垂拱四年(688年)五月十八日，武太后加尊号"圣母神皇"，向称帝试探性地迈出了一步。

载初元年(690年)，武则天废睿宗，自称圣神皇帝，改国号为周，定东都洛阳为神都，史称"武周"。武则天以67岁的高龄君临天下，成为中国历史上唯一一位女皇帝。

◎文苑拾萃

无叶井

广东佛山附近有一座西樵山，西樵山茶庵公园有一口水井，相传是一行禅师开凿的，距今已有1000多年的历史了。井的旁边立一块石碑，上面刻着"龙溪第一泉"的字样。"龙溪"是外海的别称，这口古井是外海著名的"无叶井"。井的直径有一尺，深2米左右，泉水清澈甘美，用来泡茶，甘醇可口，别具香味。

这口井为什么叫作"无叶井"呢？这缘于井的周围都种了许多古树，其中一棵乌桕树，树荫如盖。每当金秋时节，红叶飘零，却没有一片枯叶能掉到井里，很是奇怪，"无叶井"也因此而得名。

神灭论的坚强斗士

◎能为世必不可少之人，能为人必不可及之事，则庶
几此生不虚。——陆绍珩

范缜（约450—约515），中国南朝齐、梁时思想家，无神论者。字子真。南阳舞阴（今河南泌阳县西北）人。曾任宁蛮主簿、尚书殿中郎、宜都太守、晋安太守。反对佛教因果报应说，认为人生好比同一棵树上的花朵，有的花瓣被吹到厅堂，也有些花瓣飘落进粪坑中，这完全是自然现象，毫无因果可言。对于形神之辨，他认为，形神相即，不得分离。精神离开形体，不能单独存在。著有《神灭论》《答曹思文难神灭论》。

　　范缜继承和发展了先代的朴素唯物论，成为中国南北朝时期齐、梁间杰出的唯物主义哲学家、无神论者。

　　范缜很小的时候就失去了父亲，少年时跟从当时的名儒刘瓛读书，博通经籍，尤精《三礼》。他读书善于思考，喜欢把平时观察所获得的经验熔铸于思想当中，对任何一种思想和见解都不迷信盲从。他性情刚直，为人不虚于委蛇，心里怎么想的，嘴上就怎么说，从不掩饰自己的观点和主张，常说一些令人吃惊的话，与流俗的见解相左。南朝齐时历任尚书、殿中郎、领军长史、宜都太守等职，曾以文学出使北魏并游于竞陵王萧子良门下。入梁后，先后任晋安太守、尚书左丞、中书郎、国子监博士等职。然而，他的任官履历在他那惊世骇俗的思想言论面前倒显得黯然失色了。

　　宗教是被压迫生灵的叹息，是无情世界的感情。魏晋南北朝时期，百姓受尽统治阶级的压迫、剥削，长期的战乱又给他们带来了无穷的灾难，这种

情况造成了宗教流行的土壤。自东汉明帝时传入中国的佛教，在这一时期广泛流行。佛教宣传人的肉体死亡，灵魂永在，可以转生来世。如果今生能忍受痛苦，虔诚信佛，把财产尽量施舍给佛寺，死后就会上天堂，来世可以得幸福。

贫苦的百姓为了摆脱现实的烦恼，崇信佛教；各族统治者为了巩固统治和获得精神安慰，也有意识提倡。后赵重用佛图澄，前秦苻坚重用释道安，后秦姚兴重用鸠摩罗什，南燕慕容德重用僧朗，这些名僧都可以参决国家大事。由于统治者大力提倡佛教，使佛寺遍及各地，僧尼多到惊人的程度。北魏时，寺院有3万所，僧尼有200多万。在南方，佛教也在传播。梁武帝时，一度把佛教定为"国教"，梁武帝萧衍本人也曾三次舍身童泰寺，大臣们花了好多银两才把他赎出。当时仅建康城（今南京）就有寺院500多所，僧尼10余万。寺院的僧尼们不事劳作，却占有大量土地，获得了大量钱财，使本来就求生无计的百姓更加贫困，也耗蠹了国家巨大财富；统治者崇信佛教，使政治更加腐败。范缜目睹"浮图害政，桑门蠹俗"的沉沦局面，便立志破除时弊，展开反佛斗争。

任职于南朝齐时，范缜曾在萧子良西邸公开发表自己的反佛言论，大力宣扬无佛。信佛痴迷的竟陵王萧子良问他："你不信佛，不信因果报应，那么，你怎么解释人世间有的人富贵、有的人贫穷呢？"他说："就像树花一样，随风飘落。有的落在茵席之上，有的堕入溷厕之中，落在茵席上的是殿下您，落入溷厕中的是我。贵贱贫富虽不一样，可因果在哪里呢？"萧子良见说服不了他，就召集众僧、"学士"来批驳他，他始终不屈服。萧子良又派王融对他威胁利诱，王融说："你坚持神灭论，是损伤名教，将为世俗所不耻。像你这样有才学的人，不怕做不到中书郎的高官，何苦固执不化，误了自己的前程呢？"范缜大笑答道："我坚信我所认识的事理是正确的，如果我忍心卖论取官，再大的官也做到了，何在乎你说的那个中书郎！"

梁建国后，梁武帝于504年（天监三年）把佛教定为国教。范缜这时还是不停地宣传神灭论，不久，梁武帝萧衍发动了一次更大规模的围攻，欲使范缜屈服，放弃真理。梁武帝摆出以理服人的儒雅风度，在《敕答臣下神灭论》

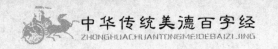
中说："欲谈无佛，应设宾主，标其宗旨，辨其短长。"仿佛范缜的无神论观点是无根无据的无稽之谈，梁武帝以君主的威严不无恫吓地说："神灭论是违背经书悖谬祖先的，这一套言论应该停止了。"

面对崇佛派的学术围剿和梁武帝的恫吓，范缜不但没有屈让，反而勇敢地接受了挑战。经过认真地思索，他用自设宾主的问答体裁，写出了著名的《神灭论》，比较全面系统地论述了形神相即、形毁神亡的道理。

首先，范缜针对佛教宣传人死后灵魂离开肉体独立存在的谬论，提出了"形神相即"的观点。他认为，人的形体和人的灵魂（精神）是密切联系、不可分割的。神离不开形，形也离不开神，所以人的形体存在，人的精神就存在；人的形体消亡，人的精神也就消亡了。他进一步指出："形体，是精神的本体；精神，是形体的功用。"换句话说，就是形体是精神赖以存在的前提和基础，是第一性的，精神是形体产生的作用，是第二性的。范缜举例说，形体和精神，就像刀刃和锋利的关系一样，没有刀刃就没有锋利，形体死亡，精神作用也就不存在了。这就准确而又生动地解释了形神之间的依存和区别的对立统一关系。

其次，范缜认为：万物虽各有形质，但并不是任何物质形体都有精神活动，只有活人的形体才有精神作用。他说："木头的本体是无知的，人的本体是有知的。死人的本体和木头的本体一样，也是无知的。"所以也就不会再有一个离开肉体的精神活动。

范缜还认为，人的精神活动分为"知"、"虑"两个部分，同时指出"知"、"虑"虽有不同，但因为同是人的精神活动，所以也可以说"知即是虑"。但是不管哪一种精神活动，都以一定的生理器官为基础，痛痒、视、听是以体、目、耳为基础，判断是非的思维活动是以"心"（那时还不知是脑）为基础。他说"心病则思乖"，即是说人的精神上出了毛病，就会想象出超乎寻常的荒诞情景。可见人的精神作用是建立在人体器官这种物质上。这样，佛教宣扬的形神分离、形亡神不灭的唯心主义观点就站不住脚了。

范缜的《神灭论》一出，统治阶级大为震动。梁武帝发动王公大臣六十多人写了75篇文章围攻范缜。但范缜始终坚持自己的观点，始终没有退却。

他面对众多的围攻者，唇枪舌剑，驳得那些人目瞪口呆，哑口无言，还有很多人从崇佛信佛的立场上站到了范缜一边。

◎故事感悟

范缜的唯物主义无神论思想，超过了前人所有的成就，达到了当时所能及的最高程度。他坚持真理，毫不畏惧，其勇于探索的精神和斗志难能可贵。他建立的神灭论对后来唯物主义的发展产生了很大的影响。

◎史海撷英

南北朝

南北朝（420—589年）是中国历史上的一段分裂时期，由420年刘裕篡东晋建立南朝宋开始，至589年隋灭南朝陈为止。该时期上承东晋、五胡十六国，下接隋朝。南北两势虽然各有朝代更迭，但长期维持对峙，所以称为南北朝。南朝（420—589年）包含宋、齐、梁、陈四朝；北朝（439—589年）则包含北魏、东魏、西魏、北齐和北周五朝。

南朝各国皇族主要是寒族或次级世族，因为在东晋末期之后，军职大多由寒族或次级世族等担任。由于执政者的努力，出现元嘉之治与永明之治等治世，使得国力富盛。皇帝虽获声誉深重的主流世族拥护，然而世族只想保有本身政治地位，并非全然支持皇室，皇帝也扶持寒门担任军职或次要官职以平衡政治势力。由于皇室内部也因为争夺皇位的斗争时常发生宗室血腥事件，以及战略运用错误与北朝的兴起，使得南弱北强，疆域渐渐南移。到南朝梁时为梁武帝所改善，加之北魏六镇之乱，南朝国力逐渐追上北朝。但梁武帝晚年时过度崇信佛教，国家离心力渐强，导致很多原南朝权贵军阀跟随归顺南梁的侯景发动侯景之乱，使南朝实力大减并四分五裂。独霸政局的侨姓世族也完全崩溃，由南方土著豪族取代。最后到南朝陈的陈文帝方完全统一南朝，但南朝陈国力已衰，只能依长江抵御北朝。

北朝承继五胡十六国，为胡汉融合的新兴朝代。北魏深受五胡文化影响，皇室多为鲜卑族。朝中的汉族官员多与胡人通婚，带有胡人血统。而鲜卑皇室也逐渐受到汉文化的熏陶，其中以北魏孝文帝的汉化运动最盛。由于北方的柔然牵制北魏，使得北魏难以用全力攻入南朝，直到较亲北朝的突厥取代柔然后才较安定。北魏后期政治逐渐败坏，六镇民变后国力大衰。最后分裂成东魏及西魏，并分别由北齐及北周取代。北齐的核心主要为六镇流民及关东世族，其军力比较强盛。由于其源头六镇流民偏向鲜卑化，使得北齐主要提倡鲜卑文化。北周在立国时鲜卑军不如北齐多，政治地位也不如北齐及南朝梁，所以建立关中本位政策，融合鲜卑及汉文化以消除胡汉隔阂。最后北周形成团结的关陇胡汉集团，得以攻灭因政治混乱而衰退的北齐，而汉族也逐渐成为北周军队的主力之一。周武帝去世后，汉人杨坚依靠外戚身份掌握朝廷，并在篡夺北周建立隋朝之后，发兵南征灭南朝陈，统一了中国。

◎文苑拾萃

《神灭论》

无神论并不是今人的研究成果，不少古代思想家、文学家写了许多宣传无神论的著作和文章。范缜的《神灭论》，则是中国古典文学的名篇之一。《神灭论》坚持了物质第一性的原则，系统地阐述了无神论的思想，指出人的神（精神）和形（形体）是互相结合的统一体："神即形也，形即神也，形存则神存，形谢则神灭。"他把人的形体与精神的关系，用刀口同锋利的关系作了极为形象的比喻："形者神之质，神者形之用"，"神之于质，犹利之于刃，形之于用，犹刃之于利"，"未闻刃没而利存，岂容形亡而神在"。范缜的《神灭论》一发表，朝野为之哗然、震惊。

宋慈与《洗冤集录》

◎重任，必强脊脊之人廼能胜。——《二程集》

> 宋慈（1186—1249年），字惠父，建阳（今属福建南平地区）人。我国古代杰出的法医学家，被称为"法医学之父"，著有《洗冤集录》。西方普遍认为正是宋慈于1235年开创了"法医鉴定学"。

宋慈自幼勤奋攻读，好学不倦，善于推理，长于思辨。入太学后，成了理学家真德秀的学生。宁宗嘉定十年（1217年），宋慈登进士第。

宋慈曾任长汀县令，当时长汀一带盐价昂贵，贫民无力食盐，贫民们时常为了生活铤而走险，猎取私盐。针对这种情况，宋慈认为，盐价昂贵的主要原因是运途远、运价高。于是，他改变了运盐的路线，直接从广东潮州起运，节省了大量的运费，从而降低了食盐价格，杜绝了贫民赌命猎取食盐的行径。

端平二年（1235年），宋慈被任命为邵武军（今属福建）的通判，不久又改任南剑州通判。当时浙西闹饥荒，一斗米价值万钱，宰相李宗勉向宋慈征求如何救济的意见。宋慈认为，豪门大户，隐匿户口来逃避国家的税收，并且整天在家里囤积粮食，以求谋取暴利。这样，贫苦的百姓不仅要为豪门大户承担税务，还要高价去购买大户的粮食，所以就备受饥荒之苦了。他主张把民户分为五等：第一等民户要一边免费救济贫民，一边把粮食平价卖给贫民；第二等民户可直接把粮食平价卖给贫民；第三等民户可保持原状；第四等民户可接受救济贫民粮食之半；第五等贫民，可完全接受救济，这些民户的

救济粮由官府发给。实行的结果很好，大家都愿意奉命而行，百姓很少有挨饿的。

宋慈逢事总愿不断地思索直到考虑出比较完善的对策才罢手，因此不管遇到多么棘手的问题，他都能给予妥善的处理。在他为官处理政务的过程中，这种执著的求索精神一直在发扬。

嘉熙元年（1239年），宋慈充任广东提点刑狱（官名，掌司法事务）。这是宋慈四任提刑中的第一次。宋慈一到任所，就调查研究，注意如何解决存在的问题。他认识到清理多年不断的积案是身为提点刑狱这样的监司大员施行职权的当务之急。当时的广东，由于长期以来官吏多不奉公守法，所以监狱中有很多被囚禁多年而没有得到法律公断的人。宋慈立下规约，审阅处理，限期清除积案。最后，经过了8个月时间，解决了200多待决之囚。同时，他以监司的身份深入下层，详细调查，询问隐情，到处为那些蒙受不白之冤的人雪冤，禁止扰乱治安的违法行径。经过一段时间，宋慈又从广东移至江西，任江西的提点刑狱，兼任赣州知州，解决了江西、福建、广东之间边境上的武装贩盐问题，使这些地区道路通畅，秩序安定。南宋政府还把宋慈所行关于处理食盐的办法颁下浙西诸路，作为效仿的模范。

在长期担当提点刑狱的监司重任中，宋慈多年如一日地谨慎处理各种狱案。他认为，"天下没有比保护生命更重要的事情，没有比死刑更严酷的刑罚，在有关死刑的案件中，没有比究查初情更值得重视的"。他处理每一件案子，事先都把案子前前后后的情况摸个一清二楚，一人的证词要反复核实，出之众口的供词也要加以反复核实，凭确凿的事实依法断案，而不单凭现有的供词与律条的简单对应来定案。因此，在深究严察的过程中常常使那些幕后的身为豪门大姓的人受到法律的制裁，也常常使已结多年的冤案重新昭示于世。金钱的诱惑他不动心，恶相的威胁和繁琐的案情他不畏难，他关注的是断案的公正，极力探求的是案情的真相。他每审理一案，都审之又审，不敢使自己产生一点漫不经心的轻视情绪。

根据自己在四任提点刑狱期间多次的审案和执法检验时的现场经验，综合了《内恕录》等数种专书，宋慈于1247年写成了《洗冤集录》一书。全书共五卷，卷一载条令和总说，卷二验尸，卷三至卷五载各种伤、死情况。《洗冤集录》记述了人体解剖、检验尸体、检查现场、鉴定死因、自杀或谋杀的各种情况、各种毒物和急救、解毒的方法等十分广泛的内容。书中对于自杀、他杀或病死的区别十分注意，案例详明。如对溺死与非溺死、自缢与假自缢、自刑与杀伤、火死与假火死等都详细地加以区分，并列述了各种猝死情状，书末附有各种救死方。这部书中所记载的洗尸法、人工呼吸法、夹板固定伤断部分、迎日隔手验伤以及银针验毒、明矾蛋白解砒毒等等，都是符合科学道理的。此书后来成为后世法医著作的主要参考书。

自晚清以来，《洗冤集录》逐渐传到国外，译成将近十种文字，成为世界伟大的和最早的法医著作。

◎故事感悟

《洗冤集录》这部世界著名的法医学专著是宋慈严谨求实不断探索取得的。在当时艰难的条件下，宋慈用顽强的毅力和求索的精神完成了这样一部鸿篇巨制，这种求索攻坚的精神和刻苦认真的品质值得我们学习！

◎史海撷英

嘉定和议

隆兴和议之后，宋金休战了四十多年。金章宗（1190—1208年）在位晚期，金朝北边受到蒙古族的侵逼，内部又有各族人民的反抗。南宋重臣韩侂胄便趁机对金用兵，进行北伐。1206年（开禧二年）5月，宋分道进兵。初时收复了一些地方，不久金援兵大量南下，宋军大败。金人要求惩办战争祸首，主和派礼部侍郎史弥远等竟杀死韩侂胄，函其首送给金人。1208年（嘉定元年），双方重定和约，史称"嘉定和议"。

◎文苑拾萃

《洗冤集录》

　　《洗冤集录》是中国古代法医学著作。南宋宋慈著，刊于宋淳祐七年（1247年），同时也是世界上现存第一部系统的法医学专著。宋代，法医方面的知识有了比较迅速的进步，有无名氏的《内恕录》，1200年郑克的《折狱龟鉴》，1213年桂万荣的《棠阴比事》以及赵逸斋的《平冤录》、郑兴裔的《检验格目》等有关法医检验的著作接连问世。在这样的基础之上，出现了我国历史上第一部有系统的法医学著作——《洗冤集录》，它也是世界上比较早的法医专著。过了三百多年以后，意大利人菲德里于1602年写成了西方最早的法医学著作。

潘季驯治理黄河

◎播种有不收者矣，而稼穑不可废；仁义有遇祸者矣，
而行业不可惰。——葛洪

潘季驯（1521—1595年），明代治理黄河的水利专家。字时良，号印川。浙江乌程（今吴兴）人。嘉靖二十九年（1550年）进士。初授九江推官，后升御史，巡按广东，行均平里甲法，斥抑豪强。

嘉靖二十九年（1550年），潘季驯考中进士，被任命为九江推官。后来被破格提升为御史，旋即又任广东巡按使，推行均平里甲法。到地方任职巡察时，他注意百姓疾苦，对危害百姓生活的水旱灾害格外关注。他认为，百姓衣食多取决土地之利，因土地遭受水旱灾害而难得收成，百姓便困窘不堪，轻则流落他乡，重则卖妻鬻子，铤而走险，社会也就不安定了。诉讼纷争，盗贼蜂起，就在所难免了。他平时还注意搜罗百姓以及前人治理水旱灾害的经验，以备急患。

嘉靖四十四年（1565年），潘季驯被提升为右佥都御史，总理河道。他和朱衡一起商量筹划，开出了一条新河道。隆庆四年（1570年），黄河在邳州、睢宁决口，很多人流离失所，他奉朝廷之命前去堵塞黄河决口处。万历五年（1577年），黄河又在崔镇决口，他以右都御史兼工部左侍郎代为河漕尚书，带领士兵和百姓修筑堤坝，堵塞决口。为了加固堤防，他命人在堤坝的外围又修建了一道很长的堤坝。

潘季驯治理黄河，常常亲自到各地考察地势。凡增筑设防，置官建闸，

以至于木石材料，他都加以悉心地筹理，由于长年的奔波，积劳成病。潘季驯先后四任河道总督，对黄河的治理卓有成就。他晚年把自己一生治理黄河的经历和心得著成《河议辨惑》、《两河管见》、《宸断大工录》等书，为后世治理黄河提供了借鉴。

以往治理黄河，大都采用分流的办法，即将黄河水的一部分引入其他河道，以减缓黄河的水势，降低灾情。

在治理黄河的过程中，潘季驯认真地研究了水流性能和黄河的实际情况，针对黄河含沙量大的特点，认为治理黄河不应该采取"分流"的办法，分流的办法只不过是"就症而措，未得致患之理"。因为采取分流，则水势必然会减缓；水势减缓则更有利于泥沙的淤积；泥沙大量淤积则河床增高，水患跟踪即至。他主张以水治水，因为水势猛，就可以冲刷河道的淤积泥沙，不断地冲刷河道就深了。

所以他提出一个新办法，就是加固加高黄河两岸的堤坝，使黄河水势迅猛，用水去攻泥沙。他说治河的方法没有什么奇特的窍门，全在"束水归漕"，而束水的方法，只在"坚筑堤防"。

为了防御河堤溃决，他规定要设几道防线，即筑缕堤、遥堤、月堤和格堤四种（缕堤距河近，是第一道防线，缕堤内又筑月堤以止水；遥堤离河远，是第二道防线，格堤在遥堤内，以阻水流），还规定在伏秋洪水暴涨的时候，要实行"四防"和"二守"。四防是"昼防，夜防，风防，雨防"，二守是"官守"与"民守"。潘季驯"以水治水"，并把防治结合起来，发展了前人治理黄河的经验。

◎故事感悟

"道法自然"、"异曲同工"，潘季驯治理黄河的事实告诉我们，只要从实际出发实事求是，勇于探索，那么什么样的困难都能克服。

◎史海撷英

援朝之战

援朝之战，始于万历二十年（1592年）。这一年，日本关白丰臣秀吉派小西行长等人领兵20万从釜山登陆。沉湎享乐的朝鲜国王根本就无法抵御，只会频频遣使向明朝求救。消息传来，神宗立即作了三项准备：第一，令兵部向朝鲜派遣援兵；第二，命辽东、山东沿海整顿军备，小心戒备；第三，如果朝鲜国王进入明朝境内，择地居之。

但是，当时的兵部尚书石星，却是无能之辈，只派一个游击史儒率少量兵马入援朝鲜。对于20万日军来说，这无异于羊入虎口，史儒战死；随后赶到的副总兵祖承训也只有3000兵马，结果也是仅仅只身逃脱。

这两仗的大败，激怒了神宗。于是，神宗命宋应星为经略，从西北前线调回李如松，一齐东征。担任前线指挥的有名将李成梁之子李如松，能征善战。明军前几仗打得都很成功，但在万历二十一年（1593年）正月在碧蹄馆附近遭日军伏击，损失惨重。双方最后决定议和。

日本方面撤兵南下，朝鲜大片国土光复。日本方面，以与明朝通贡为和谈的条件。神宗一面敦促朝鲜国王练兵自守，一面与群臣商量是否与日本通贡。

万历二十二年（1594年）十二月，明朝和日本方面互遣使节。明朝册封丰臣秀吉为日本国王。丰臣秀吉身着明朝的冠服，迎接明朝的使臣。事情似乎得到了解决。然而，两年之后即万历二十四年（1596年）十二月，丰臣秀吉不遵守当初议和的条款，发动第二次朝鲜战争。明朝遂于次年正月以邢玠为总督，杨镐为经略，再次出援朝鲜。但是，明军这一次在岛山附近再遭惨败。万历二十六年（1598年）正月，明军退守到平壤南部的王京，与日军进入相持阶段。但是，七月九日丰臣秀吉死去的消息让日军士气低落，阵脚大乱。明军遂发动攻击，日军无心恋战，纷纷登船渡海东归。中朝联军与撤退日军在东南露梁海面发生激战，明将邓子龙、朝鲜将领李舜臣指挥军队奋勇杀敌，将日军杀得大败。邓、李二将亦战死海上。这一次援朝之战，虽然耗损巨大，但对于确保明代的海防与东北边疆，意义非常之大。

◎文苑拾萃

潘公桥

　　潘公桥位于湖州北门潘家廊。潘公，即潘季驯（1521—1595 年），明代著名水利专家，湖州环渚人。潘公桥于明万历十三年（1585 年）创建，初为五孔平桥，清道光十七年（1837 年）重建，改五孔为三孔石拱桥。南北走向，跨龙溪港，长55.9 米，宽 5.2 米。主孔净跨 15.5 米，矢高 7.92 米；次孔净跨 9.3 米，矢高 5 米。南边踏步 50 级，北边踏步 47 级。拱券纵联分节并列砌筑，金刚墙错缝平砌。桥面两侧设石坐栏，内侧刻捐助者名录。

黄宗羲毕生求索

◎成大业，致大名，绝非逸豫可得，必自刻苦中
来。——石成金《绅瑜》

> 黄宗羲（1610—1695年），明末清初经学家、史学家、思想家、地理学家、天文历算学家、教育家。学问极博，思想深邃，著作宏富，与顾炎武、王夫之并称明末清初三大思想家（或清初三大儒）；与弟黄宗炎、黄宗会号称浙东三黄；与顾炎武、方以智、王夫之、朱舜水并称为"清初五大师"，亦有"中国思想启蒙之父"之誉。

　　黄宗羲出生于浙江余姚县黄竹浦一个世代官宦并充满学术气氛的家庭。在父亲的影响下，他自幼就喜爱读书，但不盲目苟从。他的父亲黄尊素教他八股时文，他很不感兴趣，总是喜欢读自己爱读的书，因此他读了不少有关天文、地理、历算、人物传记方面的书。他对当时的社会问题很关注，还私下对朝廷中的达官显贵评头品足，对朝廷的决策提出自己的见解。他的父亲和其他的东林党人同魏忠贤为首的阉党进行了坚决地不屈不挠的斗争。对此，黄宗羲深表钦佩。

　　天启六年（1626年）三月，黄尊素等东林党人被魏忠贤陷害逮捕入狱。临行前，黄尊素要黄宗羲拜前来送别的刘宗周为师，向刘学习理学，在这生死离别的时刻他还教导黄宗羲说："作为一个学者，不能不通晓史事，应该读一读《献征录》。"从此以后，黄宗羲努力攻读史书，通读了明代的《实录》和二十一史。

　　历史上杰出人物的深邃思想启发着黄宗羲，那些动人的事迹激励着他。他以历史经验来洞察现实社会，并立志要身体力行，投入到激烈动荡的社会中。

在学术上，黄宗羲勇于探索，勇于袒露自己的观点，批判那些无补于社会的学术见解。黄宗羲从北京回到浙江后，到绍兴证人书院听刘宗周讲学。当时有一个叫陶奭龄的知名学者也在绍兴讲学。陶奭龄把佛教禅宗的学说和因果报应思想掺杂到理学中来，声势很大。为了发扬刘宗周的经世学说，黄宗羲联合了六十多位名人到证人书院听讲，大造舆论，批判陶氏的佛学观点，陶被迫偃旗息鼓。

黄宗羲在了解社会的实践中，清醒地认识到，士人应关注天下大事，思索之，参与之，要担负起天下的兴亡；朝纲混乱，奸佞横生，百姓困厄，那是士人的耻辱。崇祯十一年（1638年），阉党阮大铖在南京四处招摇，图谋东山再起。复社名士陈定生、吴应箕草写《留都防乱揭》揭露阮大铖的阴谋，要求把阮逐出南京城。当时，阮大铖的余党尚存，爪牙林立，但黄宗羲不惧险恶，在《留都防乱揭》上领衔署名。

在崇祯一朝，黄宗羲积极地参加东林复社人士领导的政治活动，到各地游历。在外出的日子里，他仍坚持学习。崇祯三年（1630年），他在南京从韩孟郁学诗。崇祯六年、七年，他在杭州孤山读书，和一些名士自相师友，互相切磋，学问有很大长进。这时候，他的视野也开拓了不少。

清兵占领南京、苏州、杭州之后，浙东各地纷纷组织义军抗清，拥护鲁王以监国的名义成立政府。黄宗羲也在余姚黄竹浦组织青壮年数百人为义军，沿钱塘江布防，老百姓称呼他带领的军队为世忠营，后来黄宗羲来到鲁王的流动政府。由于失去了兵权，对政事没有多少发言权，但黄宗羲不甘空耗光阴，一有时间，他就对授时历、泰西历、回回历进行校注。他的某些天文历法著述就是在这种动荡的环境中完成的，如果没有惊人的毅力是很难做到这一点的。此外，在海上抗清时，他还写了许多诗篇，记述鲁王行朝抗清事实。

康熙元年（1662年）南明永历帝在昆明被清政府杀死，南明灭亡。至此，黄宗羲看到恢复明朝已失去希望，就回乡著书立说。这时他已53岁，他决心在自己的有生之年，为后人留下自己探索的经验。经过多年的努力，他写出了大量著作，其主要著作有《明夷待访录》、《明儒学案》、《宋元学案》等。

长期不懈的思考使他的思想日趋稳定，社会的巨变以及个人沧桑的经历，使他的思想更加深刻，更加成熟。他为了研究明朝灭亡的原因和改革君主专制的弊端而发愤治学。

　　从一代代王朝兴衰历史中，黄宗羲看到，每一个王朝的倾斜履灭，都是由于君主贪婪、残暴；每一个王朝的兴起，都始于血腥风雨中的争斗。他认为封建的君主专制制度是造成社会危机的总根源。他指出："天下最大的祸害就是君主"，因为"君主把天下的利益尽归已有，把天下的祸害全部推给别人"，君主为了得到或维护自己的统治地位，即使使天下人肝脑涂地，使天下百姓家破人亡、妻离子散，也在所不惜。他反对以君为主、以天下为客的不合理现实，赞美以天下为主、以君主为客的尧舜之世。他从民众的利益出发，去评价治乱，他说："天下或治或乱，不在于一姓的兴亡，而在于万民的忧乐。"并进一步提出为臣之职应该是"为天下，不为君主；为万民，不为一姓"，一代王朝的君主死了，作臣下的没有必要跟从他的君主去死，没有必要自杀为君主殉身。他还认为，法律应该是天下人的法律，朝廷君臣没有什么高贵，百姓也没有什么低贱。他主张改一家一姓之法为天下之法。他说，天子认为对的未必对，天子认为错的未必错。他主张提高宰相权力，由士人来公论是非，限制君主的权力，使君主不敢自以为是。这是一种限制与监督君权的思想。这种民主思想为中国近代的资产阶级改良派和革命派提供了历史借鉴。

　　黄宗羲一反传统的"重农抑商"思想，提出"工商皆本"。他认为世俗中迂腐的人们不稽古事，不辨事理，把工商当成末业，妄加评论，并竭力压抑，是十分荒唐可笑的。工商两业皆有益于社会民生，都是本业。这种思想反映了当时商品经济和资本主义萌芽发展的要求。

　　黄宗羲注重实践，不尚空谈，治学态度严谨刻苦，严核考证，实事求是。他认为明朝的灭亡和明人的学风有一定的关系，明人专事口耳记诵之学，学无根柢，喜欢空谈。他指出，学问是用来经世的，不是用来炫耀的，他和他的弟子们形成了一个以经世思想为指导以研究史学为特点的浙东学派。他的《明儒学案》总结了明代近三百年的思想发展，包括了明代各派哲学家的学术思想和主张，是中国第一部比较系统的学术思想史专著。他实事求是的学风和经世致用的思想，于今仍有教育意义。

◎故事感悟

　　黄宗羲以一个政治家的目光，深刻分析了他所处的社会现状，提出了自己进步的主张。他注重实践，不尚空谈，治学严谨，考证严格，实事求是，他的学风值得我们学习。

◎史海撷英

胡蓝党狱

　　胡蓝党狱是明朝的一个政治案件。起于明洪武十三年（1380年），终于二十五年。朱元璋的统治初步巩固后，他对王朝内部权势烜赫的王侯将相愈来愈猜疑，加上有些功臣的骄纵违法，统治集团内部的矛盾显得更突出了。洪武十三年，朱元璋以"擅权植党"的罪名杀了左丞相胡惟庸，同时被杀的有陈宁、涂节等人。10年后，洪武二十三年又兴大狱，李善长、陆仲享等都以与胡惟庸交通谋反罪被杀，"词所连及坐诛者三万余人"。洪武二十六年，又兴蓝玉案。洪武二十六年锦衣卫指挥蒋瓛告凉国公蓝玉谋反，于是又牵连一大批武将及朝廷官员，"族诛者万五千余"。胡惟庸与蓝玉两案，史称"胡蓝党狱"。

◎文苑拾萃

《明夷待访录》

　　明末清初，有位伟大的思想家说：皇帝，是"天下之大害者"，因此他主张"无君"。这就是我国近代民主主义启蒙思想家、爱国者黄宗羲。他的代表作《明夷待访录》比卢梭的《民约论》还要早一百年光景，有人称它为"另一部《人权宣言》"。黄宗羲同时代的思想家顾炎武说："读了这部书，可以知道过去历史上所有帝王制度的弊端。"《明夷待访录》反对君主专治，主张民权，对清末的维新变法运动影响很大。

　　《明夷待访录》计有论文21篇。《原君》批判现实社会之为君者"以我之大私为天下之大公"，实乃"为天下之大害"。《原臣》指出，臣之责任，乃"为天下，非为君也；为万民，非为一姓也"。《原法》批评封建国家之法，乃"一家之法，而非天下之法"。《学校》主张扩大学校的社会功能，使之有议政参政的作用，说："天子之所是未必是，天子之所非未必非，天子亦遂不敢自为是非，而公属是非于学校"，"必使治天下之具，皆出于学校，而后设学校之意始备。"黄宗羲所设想的未来学校，是相似于近代社会舆论中心和议会的机构。

　　黄宗羲虽然没有从根本上否定君和臣的设置，但主张君主开明立宪制，加强平等因素，扩大社会对执政者的监督权力，有近代民主政治的思想。这种思想并非受西方文明的影响，而是从中国传统文化中发展出来的，因而更加可贵。这部书受到清朝统治者的查禁，直至清末才重见天日，受到谭嗣同、梁启超等人的重视和赞许。

顾炎武著书立说

◎少年辛苦终身事，莫向光阴惰寸功。——杜荀鹤

> 顾炎武（1613—1682年），汉族，苏州府昆山县（今江苏昆山）人，原名绛，字忠清。明亡后改名炎武，字宁人，亦自署蒋山佣，尊称为亭林先生。明末清初著名的思想家、史学家、语言学家。曾参加抗清斗争，后来致力于学术研究。晚年侧重经学的考证，考订古音，分古韵为10部。著有《日知录》、《音学五书》等。

顾炎武出身于江东望族，幼年时就博览群书，特别喜爱读司马光的《资治通鉴》和司马迁的《史记》。他关心国家大事，总爱探讨国计民生的大问题，认为读书必须联系实际，反对空发议论。

对于明朝的腐败，顾炎武深恶痛绝，少年时就参加了"复社"反对宦官权贵的斗争。清军入关后，他参加了嘉定、昆山一带的人民抗清起义。清军攻陷昆山，他的生母及两个弟弟均遭难。抚养他的养母誓死不降清朝，绝食自杀，临终前嘱咐顾炎武说："我虽是个女子，然以身殉国是理所当然的事，希望你不要做清朝臣子，我死后就可以闭上眼睛了。"顾炎武把养母的话牢记心头，永志不忘。抗清斗争失败后，他隐居不出，以明朝遗民自守，誓死不做清朝的官员。清廷几次征召聘请他前去做官，均被他拒绝。

顾炎武看到清朝的统治日益稳固，匡复明朝势不可行，就把满腔的义愤和深邃的思索凝注于笔端，去探索国计民生的要道，去探索胜败存亡的原因。从45岁时起，他用了20年的时间，遍游了华北各地，十次拜谒明陵（明朝皇帝的陵墓），考察了各地的风俗人情，并在雁北开荒。这些实践丰富了他的生

活，也加深了他的认识。他认为明王朝的灭亡固然由于政治的腐败，但边地守将平庸，良将难用，以致边防失利也是一个不可忽视的重要因素，于是他立意写一部关于山川要道边防战争的书。他跋山涉水，考察地形、地貌，分析地理位置的重要性。他边考察，边读书，边写作，经过长时间的艰苦努力，终于写成了论述山川要道边防战争的专著《肇域志》。这也是经世致用学术思想的具体体现。

想到国破家亡、夷人入主中原的残酷现实，明王朝君主专制政治的腐败，社会动荡，民不聊生的大问题，顾炎武的目光从民族问题、政权问题上引向对整个社会问题的关注。他认为君主一人独治，天下唯命是从，以致至奸佞当道，有识之士屈陈下僚，天下怎能不亡呢？于是，他反对君主专制的"独治"，主张更多地吸收知识分子的"众治"。他说："君主临御天下，不能靠自己一人独治，如果一人独治，刑罚之事就多了；如果众治，刑罚之事就会得到妥善的处理。"他反对君主分封子弟为侯而治理国家的办法，主张郡县制。他说："分封诸侯王治理国家的失误，是王国的权力太专；设置郡县治理国家的失误，是君主的权力太专。"在他看来，只要限制君主权利，加强地方官吏职权，以增加地方官守土的责任，则国家就可以富强，国家的百姓就可以免于贫困，各行各业就兴旺发达，社会就可以长治久安了。

顾炎武还认为，治乱的关键在于人心风俗，因此主张正风俗以正天下。他认为明王朝灭亡与风俗日下、教化纪纲堕废也有关系。他说："我看世风的趋向，才知道治乱的关键在于人心风俗，所以转移人心，整顿风俗，则是教化纪纲不可缺少的。长期养成的良好风尚，也会在一朝一夕败坏无余。"他认为士人要有强烈的社会责任感和使命感，即所谓"天下兴亡，匹夫有责"。顾炎武认为，贫富不均也是社会不安定的一个重要因素。他说："百姓之所以不安分、不安心，是因为有贫有富；贫困的人不能保障自己的生存，而富有者又常担心有人向他求助而十分吝啬，于是贫富之间一定会争夺财富。"

顾炎武有如此考虑，也是明王朝灭亡事实的启示，因为明末李自成领导的农民军提出"均田免粮"的口号，向地主阶级发起了猛烈进攻，加速了明朝的灭亡。他同情农民，攻击城市和货币，提出一个反对征银，最好征收谷

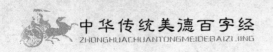

物的办法，发展农业生产是他经济主张的要点。顾炎武对治乱兴衰的思索中固然有许多固执和偏见，但更多的是具有进步意义的探求。

顾炎武在探索治乱兴衰原因的同时，也对士人的学风和治学思想加以深入思考。他主张"经世致用"，"明道求世"，反对士大夫空疏不学、空谈心性、昏庸无耻的学风。他认为明末理学的弊端是"不习六艺之文，不考百王之典，不综当代之务，论夫子论学论政之大端一切不问……以明心见性之空言，代修己治人之学。股肱惰而万事荒，爪牙亡而四周乱，神州荡覆，宗社丘墟"。他认为著书立说应该有益于世，凡是和六经之指无关，于当世之务无益的文章和事，都不要去做。这种治学思想决定了他治学方法是：读经自考文始，考文自知音始，务求不失原意；研究问题时注重考证，列本证、旁证，不以孤证为凭。这是实事求是的学风。

顾炎武自幼读书有个习惯，就是作读书笔记，分类抄录，发现错误及时纠正，重复的删掉。这样日积月累，他最终编成了一部涉及政治、经济、史地、文艺等，内容极其广泛的《日知录》。这是一部被社会公认的极有学术价值的著作。

◎故事感悟

顾炎武一生以"天下兴亡，匹夫有责"的责任感和使命感，不断探索和追求，虽隐居独守而宏志未泯，笔端触及悠远，眼界却立于现实。他抨击封建专制的进步思想，对后来的资产阶级民主革命产生了一定的影响。他那矢志不渝的坚强意志和实事求是的精神，将永远激励后人求索攻坚，报效国家。

◎史海撷英

仁宣之治

仁宣之治是指明成祖朱棣以后，明仁宗朱高炽和明宣宗朱瞻基采取了宽松治国和息兵养民的政策。明初社会经济经洪武、建文、永乐三朝的恢复发展，到仁宗、宣宗两朝，出现了社会经济的繁荣。仁宗时"停罢采买，平反冤滥，贡赋各随物资产，陂池与民同利"，宣宗时实行重农政策，赈荒惩贪。仁宗、宣宗两朝，内阁大学士杨士奇、杨溥、杨荣执掌朝政，多有建树。仁宗、宣宗在位期间成为明朝皇帝历史上少有的吏治清明、经济发展、社会稳定的时期，后世称之为"仁宣之治"，比之于西汉"文景之治"。

◎文苑拾萃

《日知录》

　　《日知录》是明末清初著名学者顾炎武的代表作品之一，是顾炎武"稽古有得，随时札记，久而类次成书"的著作。《日知录》书名取之于《论语·子张篇》。子夏曰："日知其所亡，月无忘其所能，可谓好学也已矣。"《日知录》内容宏富，贯通古今。三十二卷本《日知录》有条目1009条（不包括黄侃《校记》增加的两条），其内容大体划为八类，即经义、史学、官方、吏治、财赋、典礼、舆地、艺文。

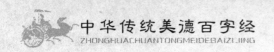

攻坚不止的铁人罗健夫

◎奋斗是万物之父。——陶行知

> 罗健夫（1935—1982年），湖南省湘乡县人，中共党员，全国劳动模范。1950年参军，在部队学完初中三年二期及高中三年全部课程。1972年、1975年先后研制出第一台"图形发生器"、"Ⅱ型图形发生器"，为我国航天工业作出重大贡献。1978年获全国科学大会奖后，继续研制Ⅲ型图形发生器，至1981年10月已独立完成全部电控设计。

1982年，优秀共产党员、航天工业部陕西骊山微电子公司工程师罗健夫，这个被同志们称为"特殊材料制成的人"，在科学的道路上为祖国和人民耗尽最后一丝热量，成为社会主义建设事业中知识分子的光辉典范。

1935年，罗健夫出生在湖南湘乡的一个普通家庭里。他从小就是个胸怀大志的孩子，崇敬那些知识渊博、求索攻坚的学者。因此，他在西北大学物理系读书时，同学们都夸他是"全年级最用功的学生"。参加工作后，他更是刻苦钻研，不怕艰难困苦，敢于攻克科学堡垒，在电子技术方面为祖国做出了重大贡献。

1969年，罗健夫接受了一项重要的科研任务：研制图形发生器，并担任这个课题组的组长。这种仪器是国际电子技术方面的尖端产品，具有世界先进水平，可是在我们国家还是个空白。当时，横在罗健夫面前的困难是很大的。国内一无样机，二无图纸，三无资料，国外又"禁运"。罗健夫过去是学核物理的，搞电子设备并不在行，加之在动乱的年代里，搞科研经常受干扰。

可是这一切都没有挡住他们，罗健夫和他的同事们就是在这种困难条件下开始了艰难的攻坚。

他一个人承担了两个人的工作，既承担图形发生器电子电路的设计，又顶替别人搞计算机。除此之外，作为课题组组长他还要懂一些机械制造、半导体应用等专业知识。

这一切，沉重地压在罗健夫的肩上，但为了尽快缩短我国在这方面与世界先进国家的距离，罗健夫忘我地拼搏着。

深夜的灯光下，仍闪现着他的身影；天微明，他又急忙起床，一头扎入工作室，刻苦攻关。一连几年，他每天只睡四五个小时，全部业余时间都用在勤奋读书、翻阅资料、思考设计、攻读第二外语上。

凭着这种超人的毅力与忘我的精神，罗健夫带领全组同志终于在1972年研制成功我国第一台图形发生器，填补了电子工业的一项空白。三年后，他生前所在研究小组又研制成功I型图形发生器，受到全国科学大会的奖励。

◎故事感悟

在自己有限的生命时间内，罗健夫实现了为祖国、为人民攻关不止、奋斗终生的誓言。

◎史海撷英

劳动模范罗健夫

罗健夫平日酷爱阅读《钢铁是怎样炼成的》，并以书中主人公保尔为榜样，身体力行，忘我工作，从不计较个人得失利害，从不表现自己，多次自动放弃评聘高级职称和提升干部的机会，颁发奖金分文不受，被同事誉为"中国式保尔"。1982年全国不少报刊连续报道其生平事迹。1983年，国务院追授他为全国劳动模范称号。2009年9月14日，他被评为100位新中国成立以来感动中国人物之一。

◎文苑拾萃

人民大会堂

　　人民大会堂位于北京市中心天安门广场西侧，西长安街南侧。人民大会堂是中国全国人民代表大会开会的地方，是全国人民代表大会和全国人大常委会的办公场所，是党、国家和各人民团体举行政治活动的重要场所，也是中国国家领导人和人民群众举行政治、外交、文化活动的场所。

　　人民大会堂的建设来源于 1959 年中华人民共和国建国十周年纪念，中国共产党、中央人民政府、国务院决定兴建十大建筑，展现十年来的建设成就。这些建筑追求建筑艺术和城市规划、人文环境相协调。人民大会堂为建国十周年首都十大建筑之一，完全由中国工程技术人员自行设计、施工，1958 年 10 月动工，1959年 9 月建成，仅用了 10 个多月的时间就建成了，成为中国建筑史上的一大创举。

ZHONGHUACHUANTONGMEIDEBAIZIJING

中华传统美德百字经

求·求索攻坚

第二篇

勇于探索

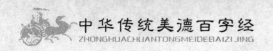
淳于意对医术的求索

◎有志者事竟成。——《后汉书·耿弇列传》

淳于意（约公元前205—?），姓淳于，名意。临淄（今山东临淄）人，曾任齐国主管国家仓库的"太仓长"，所以人们都称他为"太仓公"或"仓公"。他是西汉时期著名的医学家。

淳于意从小爱好医学，曾拜名医公孙光为师。对公孙光所传授的医药知识，他总是认真牢记，反复咀嚼回味，思考其中的道理，遇到疑难问题，常常是打破砂锅问到底，不弄个水落石出绝不罢休。

有一天，淳于意又请老师公孙光讲授"精方"，公孙光为难地说："我的本事全都教给你了，还是满足不了你的要求啊！我已经年迈力衰，丝毫也不想留一手，教给你的是我年轻时从老师那里得来的全部秘方，既然统统教给了你，可不要随便泄露给别人啊！"淳于意听了连连作揖称谢，表示一定遵循老师的教诲。

过了些日子，师生又在一起谈论医学问题，淳于意发表了很多极其精辟的见解，公孙光大为赞赏，并说淳于意将来必定会成为全国第一流的医家。公孙光想到淳于意是个不故步自封、勇于求索的人，就对淳于意说："我有许多同行朋友，彼此都疏远了。只有一名同乡，名叫公乘阳庆，十分精通医方。在中年时，我曾多次想去拜他为师，但始终没有去成。现在我想把你推荐给他。"淳于意想到医学家学派纵横，各有绝招，能继续从师学习，也是增进自己医学知识的一个途径，听了老师的话异常高兴，日夜盼望着去拜见公乘阳庆。

恰好有一天，阳庆的儿子名叫殷的因给齐王献马来找公孙光，公孙光便介绍淳于意同殷认识了，说了许多请托的话，并且亲笔写了一封推荐信。这样，淳于意才得到拜见公乘阳庆的机会。

那时，公乘阳庆已是70多岁的老人了，尽管医术高明，却不肯轻易给人看病，更不肯收授学徒，连自己的儿孙也不传授。由于淳于意态度虔诚，虚心肯求，对老师很尊敬，公乘阳庆深受感动，便破例收他为徒。公乘阳庆对淳于意说："首先要把你原来那些无用的方书去掉，我有很多古时候流传下来的医书，如黄帝、扁鹊的脉书，根据五色诊断人的病症及病情，知晓病人是生还是死及药论等书，都很精粹。我家中富有，心里很喜欢你，想把我的全部秘方都传授给你。"淳于意听了十分感激，当即表示要刻苦学习，不断提高医术来报答老师。公乘阳庆给他讲授了《脉书上下经》、《五色诊》、《奇咳术》、《揆度阴阳外变》、《药论》等专著。

名师出高徒，淳于意跟从老师学习一年后，理论水平大为提高；到了第二年，临床疗效更加显著；学满三年，就达到了"诊病决死生，有验，精良"的地步。淳于意还清楚地认识到，从师增知识，实践练技能。除了从师学习外，他一有闲暇就外出诊病，一则检验自己的知识，二则培养和锻炼自己的技能。从此，登门求淳于意诊治的人络绎不绝。

淳于意喜欢自在地行医，为百姓解除病痛之苦，不愿做官。他认为，被人豢养，专门为官僚服务，不仅不能很好地为更多的人诊病去疾，而且还堵塞了自己继续上进、提高医术的道路。因为民间天地广大，有更多的病人，并且蕴藏着取之不尽的治病秘方。对于这广阔的天地，近之则精深，远之则平庸。当时，赵王、胶西王、济南王、吴王等人，屡次派人召他，淳于意就是不去。后来他干脆改名换姓，到处行游，来往于各个诸侯国之间。这样就触犯了这些权贵的尊严，得罪了这些权贵，他们怀恨在心，伺机报复。

西汉文帝四年（公元前176年），有人罗织种种罪名，向朝廷控告淳于意。朝廷派来公差，准备将淳于意逮捕解往长安（今陕西西安）。淳于意没有儿子，只有五个女儿，最小的女儿淳于缇萦，很有志气，决定要跟从父亲一道去国都长安申辩。到长安后，她勇敢机智地冲破重重阻力，直接上书给汉文帝，恳切地记述了父亲所蒙受的不白之冤。她在书中说明，父亲在齐国做太仓长时，老百姓称赞他廉洁公平，现在做了医生，精通医术，百姓很需要他。如果枉遭刑杀，就将给老百姓造成巨大损失。况且人死不能复生，即使想要改过自新也不可能了。因此肯求，只要能赎出她父亲，她愿在宫廷为奴婢。汉文帝读了淳于缇萦的申诉后，颇为她的笃实精诚所感动！他当即释放了淳于意，并决定废除割鼻子、断脚趾等肉刑。

随后，汉文帝又召见了淳于意，一面了解他学医的经历，一面又详细询问他给患者治病的各种细节和具体疗效。淳于意一一作了回答，并且着重叙述了25个病人的"诊籍"。即把25个病人的姓名、性别、年龄以及就诊时间、病因、病理、诊断、治疗等多方面的情况，如实地记录下来，这也就是中国最早的医案。

由于不断学习、实践和探索，淳于意掌握了一手高超的医疗技术，他精通望、闻、问、切四诊和脉学，为很多病人解除了痛苦。他能通过对病人脸色的观察，判定病人或生或死。

有一次，淳于意在齐国碰见一个奴仆，通过仔细观察，发现其脸色异常，便对别人说："这个人是伤了脾气，待到来年春天，必定胸膈梗塞，不能饮食，到了夏季就会吐血而死。"当时那奴仆没有丝毫痛苦的感觉，人们也不以为然。但到了第二年春天这个人果然发病，到了夏初就吐血死去了。

还有一次，淳于意到齐王黄姬的兄长黄长卿家去做客，发现王后之弟宋建的脸色不同寻常，便说："您有病，四五天之前一定腰胁疼痛，不能俯仰吧，看样子小便也不通利。如不急治，势必会转成肾痹症。"宋建回答说："不错，的确如此。那是四五天以前，天气阴沉，有许多朋友来我家做客，看到仓库门口有一块方石，大家就抓举比试力气，我也赶去凑热闹，刚把石头抓住，却举不起来，很快便撂下了。到了晚上，腰脊剧痛起来，而且解不下小便，直到今天还没好呢！"淳于意说："这就对了，从颜色来看是伤了腰肾，这是由于好持重的缘故。"于是开方"柔汤"给病人服下，病人很快就好了。

不仅如此，淳于意也可以通过看脉象判定病人的生死。齐国有个侍御史名叫成，头痛剧烈，难以忍受，淳于意切脉后，便直言不讳地告诉病人的弟弟说："这是一种内疸，发生在肠胃之间，过四五日而痛肿，七八天后将吐血而死。"病人果然七八天后死去。原来这个病人嗜酒成癖，性生活又不节制，使内脏受到损伤，脉象反映出病人患的是不治之症。

◎故事感悟

淳于意一生行医，在他的医治下，有许多病人得以康复，他挽救了许多人的生命。

淳于意通过不断学习、实践和探索，发扬了中医的望、闻、问、切四诊和脉学，为发扬中国的中医学做出了不朽的贡献。

◎史海撷英

淳于意倾囊而授因材施教

淳于意学艺之时，他的老师公孙光曾告诫他："我所知道的妙方，都教给你了，不要告诉别人。"等到拜公乘阳庆为师时，其师又警告说："千万不要让我的后代知道你得到的医方。"淳于意也信誓旦旦："死也不敢随便传授！"等到淳于意成为国医，许多诸侯派侍医跟随他学习。淳于意丝毫不吝惜自己所学，悉心指导学生。他曾先后教授临淄宋邑，济北王太医高期、王禹，淄川王太仓马长冯信，以及高水侯家丞权信，临淄召里唐安。公孙光、公乘阳庆教淳于意一人，淳于意却传授了六人。

中医方术历来秘而不宣，父子相传，为己有，视为谋生的良法，所以秘方特别多，这风气至今不衰。而淳于意却公开他的知识，把药方告知天下百姓。天下的优秀医生越多，得益于医生的人数就会越多，那么人民的病痛就越少。这种无私的精神就是现在也是值得发扬的。

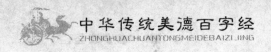

◎文苑拾萃

诊 籍

　　诊籍，即医案，现在叫病历。记病历在今天的医疗中是平常的事，是对一个合格医生的起码要求，但诊籍的初创却非易事。齐王诏问淳于意："你给人治病，疗效很好。你的病人都是哪里人？得的什么病？施药之后，病情如何？"淳于意遵旨回答。他记下了已愈患者的籍贯、姓名、职业、病名、病因、病性、诊断、治疗和愈后，形成了最初的医案，为我们留下了研究汉代医学的宝贵史料。淳于意的医案中既有王公贵族，也有平民百姓。《史记·仓公传》记载了25例病例，治愈15例，不治10例，涉及现代医学的消化、泌尿、呼吸、心血管、内分泌、脑血管、传染病、外科、中毒以及妇产科、儿科。

探索天文的民间科学家

◎能为世必不可少之人，能为人必不可及之事，则庶
几此生不虚。——陆绍珩

落下闳（公元前156—前87年），复姓落下，名闳，字长公，巴郡阆中（今四川阆中）人。中国古代西汉时期的天文学家，太初历的主要创立者。汉武帝时任待诏太史，浑天说创始人之一。曾制造观测星象的浑仪，创制"太初历"，又称"八十一分律历"，在天文学上有较大的影响。

西汉建立初始，仍沿用秦代历法，即颛顼历。至汉武帝元封年间（公元前110—前105年），历经一百余年，误差积累已很明显，出现朔晦月见等实际月象超前历谱的现象。另外，按当时的推算，元封七年（公元前104年）十一月甲子日的夜半，恰逢合朔和冬至，合乎历元要求。于是，太史令司马迁等人上书建议改历。汉武帝同意，并下诏广泛征聘民间天文学家。落下闳在同乡谯隆的推荐下，从四川来到京城长安参加改历工作。

在改历过程中，曾发生激烈的争论。民间天文学家落下闳与邓平、唐都等20多人以及官方的公孙卿、壶遂和司马迁都各有方案，相持不下，最后形成了18家不同的历法。经过仔细比较，汉武帝认为落下闳与邓平的历法优于其他17家，遂予采用，于元封七年颁行，并改元封七年为太初元年，因而新历又称为太初历。

太初历在行用后，受到包括司马迁、张寿王等人的反对，张寿王甚至提议改回到殷历。然而孰优孰劣，还要以实测为准。为此朝廷组织了一次为期3年的天文观测，同时校验太初历和古六历的数据，结果表明，太初历更为

符合天象。从此太初历便站稳了脚跟，而且一直使用了将近200年（公元前104—84年）。为表彰落下闳的功绩，汉武帝特授以侍中之职，落下闳却辞而不受，隐居于落亭。

太初历采用夏正，以寅月为岁首，与春种秋收夏忙冬闲的农业节奏合拍。

太初历规定以无中气之月为闰月。在二十四个节气中，位于奇数者，即冬至、大寒、雨水、春分、谷雨、小满、夏至、大暑、处暑、秋分、霜降、小雪，又叫做中气。凡阴历月中没有遇到中气的，其后应补一闰月。这种方法显然要比以前的年终置闰法更为合理。

为制历需要，落下闳亲自制造了一架符合他浑天观点的观测仪器，即浑仪。据推测，落下闳的浑仪由赤道环和其他几个圆环同心安置构成，直径8尺。有的环固定，有的则可绕转，还附有窥管以供观测。

通过实际天文观测，并参阅历代积累的天文数据，太初历第一次记载了交食周期，为135个朔望月有11.5个食季，即在135个朔望月中太阳通过黄白交点23次，可知1食年=346.66日，比现代测量值大不到0.04日。循此规律可预报日月食。太初历所测五星会合周期与现代测定值比较，误差最大的火星为0.59日；误差最小的水星，相差仅仅0.03日，已属不易。另外，作为基本数据，落下闳测定的二十八宿赤道距度（赤经差），一直沿用到唐开元十三年（725年），才被僧一行重新测定的值所取代。

可以说太初历具备了后世历法的主要要素，如二十四节气、朔晦、闰法、五星、交食周期等，是我国现存第一部完整的历法。

出于政治原因，太初历的朔望月数值特意附会81这个数字，使得精度反而低于颛顼历。

◎故事感悟

落下闳一心治学，辞官不受，这种为了心中的事业不断钻研进取的精神是我们所不能企及的。在他孜孜不倦的努力下，造就了我国现存第一部完成的历法，为后世做出了巨大贡献。

◎史海撷英

落下闳与浑天说

浑天说可能始于战国时期。屈原《天问》:"圜则九重,孰营度之?"这里的"圜"有的注家认为就是天球的意思。西汉末的扬雄提到了"浑天"这个词,这是现今所知的最早记载。他在《法言·重黎》篇里说:"或问浑天。曰:落下闳营之,鲜于妄人度之,耿中丞象之。"这里的"浑天"是指浑天仪,实即浑仪的意思。扬雄是在和《问天》对照的情况下来说这段话的。由此可见,落下闳时已有浑天说及其观庞瞧鳌。

浑天说提出后,并未能立即取代盖天说,而是两家各执一端,争论不休。但是,在宇宙结构的认识上,浑天说显然要比盖天说进步得多,能更好地解释许多天象。

另一方面,浑天说手中有两大法宝:一是当时最先进的观天仪——浑仪,借助于它,浑天家可以用精确的观测事实来论证浑天说。在中国古代,依据这些观测事实而制定的历法具有相当的精度,这是盖天说所无法比拟的。另一大法宝就是浑象,利用它可以形象地演示天体的运行,使人们不得不折服于浑天说的卓越思想,因此,浑天说逐渐取得了优势地位。到了唐代,天文学家僧一行等人通过天地测试彻底否定了盖天说,使浑天说在中国古代天文领域称雄了上千年。

◎文苑拾萃

二十四节气

二十四节气是中国古代订立的一种用来指导农事的补充历法,是在春秋战国时期形成的。由于中国农历是一种"阴阳合历",既根据太阳也根据月亮的运行制定,因此不能完全反映太阳运行周期,但中国又是一个农业社会,农业需要严格了解太阳运行情况,农事完全根据太阳进行,所以在历法中又加入了单独反映太阳运行周期的"二十四节气",用作确定闰月的标准。

二十四节气能反映季节的变化,指导农事活动,影响着千家万户的衣食住行。

李冰攻坚兴水利

◎用功如远行，迟半日则程途少半日。——赵世显

> 李冰（生卒年不详），今山西运城人，是战国时期的水利家，对天文地理也有研究。秦昭襄王末年（约公元前256—前251年）为蜀郡守，在今四川省都江堰市（原灌县）岷江出山口处主持兴建了中国早期的灌溉工程都江堰，因而使成都平原富庶起来。

李冰自幼刻苦好学，而且善于观察，重视实践经验，立志为百姓做些有益的事情，后来成了精通天文地理、知识渊博、远近闻名的人物。虽然不是什么官长，但百姓却很尊敬他，因为他用自己掌握的知识为百姓做了许多有益的事情。

秦昭王听说李冰才华出众，是个能人，老百姓都亲附他，便让李冰做了蜀郡郡守。秦昭王还经常向他询问如何治理百姓、富强国家的方针策略，对此，李冰提出了许多有益的建议，深得秦昭王的欢心，也因此被那些极力巴结奉迎、企求高位的官员们所嫉妒，他们伺机加害李冰。

李冰认为作为一郡之守，就要对郡内百姓负责，要使他们的衣食得到保障，否则，治理百姓只能是一句空话，或者便是暴政役民。因此，他一到任上，就深入下层百姓中间，访察民情，对利害情况做到心中有数，以便兴利除弊，造福百姓。当时蜀郡经常发生水旱灾害，遇到灾荒年景，庄稼颗粒无收，百姓度日艰辛，只得以草根、树叶充饥。李冰认识到治理水旱灾害是一项重要的亟待解决的问题。

　　李冰带领一些人对蜀郡全境进行了认真的实地踏察，摸清了导致水旱灾害的原因。原来岷江上游流经地势陡峻的万山丛中，水势很急，一到成都平原，水速突然减慢，江水从上游挟带的大量泥沙和岩石便在平原地区淤积下来，淤塞了河道，使河道底部升高，河床变浅。每到雨季到来时，岷江和其他支流水势骤涨，在下游平原地带造成水灾；雨水不足时，江水水量变小，而且都渗入淤积的泥土沙石中，靠江而难得水源，造成干旱。

　　李冰想兴建一项既能排涝又能防旱的水利工程。他把建议提出来，征求同僚们的意见。同僚们有的赞同，有的迟疑，有的反对。那些犹豫的人认为，在二三百年以前，古蜀国杜宇王以开明为相，在岷江出山处开出一条人工河流，分岷江水流入沱江，想要勉除水害，可事倍功半，收效甚微。人工河开出后，水害还是年复一年地发生。自那以后，再没有人提出治理水患的问题，如今要建一项既防涝又防旱的水利工程，有多大把握？能行吗？反对兴建的人不是尸位素餐之徒，就是平时嫉妒李冰的人，他们说李冰此举不过是沽名钓誉，最终结果只能是劳民伤财。他们还串通朝廷里的同党阻止李冰这个计划，并趁机加害李冰，诬告李冰笼络贱民，图谋不轨。由于坏人的诬告，加之秦昭王谋求霸业，未把此事放在心上。在李冰再三请示下，秦昭王才勉强答应，但并没有给拨多少物力、财力。

　　修建这样大的水利工程，在财力、物力匮乏的情况下，是相当困难的。但李冰没有灰心，他首先在前人治水经验的基础上，经过反复的研究、分析，制定了一整套方案，接着他依据当地的条件，筹备了一些人力、物力，随后带领老百姓干起来。李冰采取中流作堰的办法，想在岷江峡内用石块砌成石堰，使江水分流。在湍急的江水中立堰是十分困难的，多少次立起的石堰都被激流冲塌了。但李冰没有丧失信心，每一次失败后，他都认真总结经验，自己把握不定，就向老农、渔夫询问。最后，硬是在湍急的岷江中立起了石堰，使岷江分流。这个分水的建筑工程石堰，就是江鱼嘴。它把江水一分为二，东边的叫内江，供灌溉渠用水；西边的叫外江，是岷江的正流。

　　分水工程建成后，李冰又带领百姓在灌县附近的岷江南岸筑了离碓，离碓就是开凿岩石后被隔开的石堆，夹在内外江之间。离碓的东侧是内江水口，称宝瓶口，具有节制水流的功用。夏季岷江江水上涨，都江鱼嘴被淹没了，离碓就成了第二道分水处。内江自宝瓶口以下进入密布于川西平原上的灌溉渠道，干旱时，就把水引进去灌溉，雨季水多就关闭水门。都江堰建成后，保证了大约300万亩良田的灌溉，使成都平原成了旱涝保收的"天府之国"。

◎故事感悟

在科学技术很不发达的两千多年前的战国时代，在受到种种阻挠和人力、物力、财力限制的条件下，能建成都江堰这个具有防洪、灌溉、航运多种功能的综合水利工程，无疑是伟大的壮举。应该说，它是以李冰为首的许多人智慧和汗水的结晶。至今，"天府之国"的儿女仍然感受着它的恩赐。都江堰铭刻着李冰这个杰出人物的名字，也昭示了中华民族求索攻坚的优良传统。

◎史海撷英

秦惠王与义渠

秦惠王在公元前312年联合韩魏攻楚的一个重要目的，就是占领汉中。秦惠王命魏章率领公子疾、甘茂在丹阳（今河南西峡以西、丹水以北地区）大败楚军，占领了汉中，解除了楚国对秦国本土和巴蜀的威胁。这样，秦国的关中、汉中、巴蜀连成一大片，秦国对六国形成了居高临下的压迫形势。

义渠是匈奴的一个分支，是当时秦国西北部最强大的一个少数民族政权。义渠占有今天的陕西北部、甘肃中北部和宁夏等地。义渠凭借骑兵特有的机动性对秦国的边境进行劫掠，甚至曾经侵入到秦国的洛河流域。正是义渠的巨大危害性和破坏性，才使公孙衍能够说动秦惠王暂停攻魏而转为攻义渠。秦国对付义渠这些游牧民族的办法主要是烧荒，很有效果。游牧民族不敢靠近牧草被烧光的秦国边境，以避免大批马牛羊被饿死。秦惠王七年，义渠发生内乱，秦派庶长操趁其自相残杀，平定了义渠。义渠的力量遭到了很大的削弱。

◎文苑拾萃

二王庙

二王庙是纪念中国都江堰的开凿者、秦蜀郡太守李冰及其子二郎的祀庙。二王庙位于都江堰岷江东岸的玉垒山麓。初建于南北朝，现存建筑系清代重建。初名崇德祠，宋以后历代封李冰父子为王，清以后改用今名。

庙内石壁上嵌有李冰以及后人关于治水的格言：深淘滩，低作堰等，被称为治水三字经。庙内有李冰和二郎的塑像。大殿东侧茶楼是一座临崖悬空的吊脚楼，后殿右侧有画家张大千、涂悲鸿等人的碑刻。园中植满各种名贵花木，古木参天，林荫蔽日，是四川的游览观光胜地。

马钧革新机械

◎静以修身，俭以养德，非淡泊无以明志，非宁静无以致远。——诸葛亮

> 马钧（生卒年不详），字德衡，三国时期的魏国人。他是这一时期出现的一位杰出的机械发明家，革新并发明了很多机械，后世人们曾称颂他"巧思绝世"。

马钧出生于扶风（今陕西兴平东南）的一个贫寒的家庭里。少年时，因为家境贫苦，他要帮助父亲生产劳动，养家糊口，所以没有机会就师学习，甚至连自学的闲暇也没有。但是，在生产劳动中，他善于注意生活实际，特别注意生产工具的构造。每逢遇到新见的生产工具，他就一遍又一遍地琢磨它的机械原理，以致达到了如痴如醉的地步。实际生活中，他听说了很多诸如"神农尝百草"、"伏羲教稼穑"、"鲁班制锯"、"蒙恬造笔"等为民造福的美妙动人的传说，目睹了妇女们用旧织机织布和农夫提水稼穑的艰辛，于是头脑中产生了一系列幻想。他想：要是能造出新的既省时又省力的织机和灌溉机械该有多好啊！从此，他在实践中刻苦自学，专心致志地钻研机械设备，取得了许多机械制造方面的杰出成就。

当时的织绫机，"50综者50蹑，60综者60蹑"，综是使经线分组一开一合上下运动，以便穿梭的机件，蹑为踏具。就是说，有50个综这样的机件，就有50个脚踏板来分别控制它们，有60个综这样的机件，就有60个脚踏板来分别操作它们。这样的织绫机笨拙而效率极低，60天才能织出一匹绫。虽然人们不断进行某些方面的改进，但效率仍然很低。于是马钧暗暗下决心，一

定要使织绫机的操作程序简化，提高织绫机的效率。他经过反复思考和实验，得出结论，改进的关键就是用较少的脚踏板来操作更多的综件。于是他把50蹑、60蹑的织绫机都改成了12蹑，使操作简便易行，提高了生产效率。此后他善于发明的名声家喻户晓，人们都把马钧看成是巧思绝世的人。

马钧的兴趣很广泛，他没有在成功面前沾沾自喜，也没有在人们的赞许声中陶醉。他深切地感到，织绫机改进的成功，只是自己奋斗的开始，还有更多的事要求自己去投入、去努力。

马钧因发明而名噪天下，在朝廷做了官，住在河南洛阳。在他住宅的旁边有一片坡地，可以种些蔬菜、瓜果之类的东西，就是引水灌溉极不方便。灌溉时节，每天都要用很多人力到坡下的河塘提水，费了好大的劲。可烈日炎炎之下，禾苗和果树的叶子依然黄黄的，浇到田地的水，没有多久就被蒸发掉了，土地仍然干裂。这又进一步激发了他制造新的汲水机械的渴望。

在马钧之前约半个世纪的东汉人毕岚曾制造了一种叫翻车的洒道机械，但到马钧的时代已难以稽考。马钧猜想着传闻中翻车的模样，思考着它的运行原理，还不时地征求别人对翻车的猜想和判定。他依着地势的坡度，在揣测翻车原理的基础上，终于制成了既轻巧又便于操作、连小孩都能使用的翻车，这种翻车就叫龙骨水车。这种水车，运用了齿轮和链唧筒的转动原理：用一两个人在水源处蹬踏齿轮，随着齿轮的转动，链唧筒也转动，链唧筒载着水就接连不断地由低处向高处的田地转动，将水顺势洒在田地里，将功效提高了很多倍。这种汲水方法很快传到民间，促进了灌溉农业的发展。

马钧是个肯动脑筋、勇于实践的人，由于他成绩显著，受到皇帝的奖赏，官至给事中（当时一种朝官名）。一次，和官员们一起聊天时，马钧谈到传说中的指南车问题，有的官员认为黄帝时就有指南车的说法不可信，马钧则坚信古时候确有指南车。双方因此争执起来。有人讥笑马钧是"巧思致痴，不辨真伪"，但马钧不想和这些人作无谓的争论，他决心在实践中做做看。

马钧征得魏明帝曹睿的同意，便造起指南车来。可是史书上只提到黄帝靠指南车辨别方向打败了蚩尤，并没有传下图纸，现实中又没有实物可参照，马钧只好根据自己的想象和灵感重新设计制造。由于他平时肯钻研，又掌握

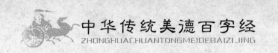

了很多机械运动的原理，不久就制成了指南车。指南车制成后，连过去曾经嘲笑过他的大臣也为之叹服。

马钧还奉朝廷的命令，改制了那些不能转动的各种用来观赏玩耍的机械。他把那些不能转动的俑人及其他玩物放在木轮的上面，用流水冲击木轮使其转动，于是木俑便像真人一样动起来，能击鼓吹箫，能跳丸掷剑，也能攀缘绳索做难度较高的倒立，朝廷上的君臣以及宫中的后妃侍女无不以为新奇。

马钧对武器的革新也很关心，他认为蜀国诸葛亮发明的连弩并未尽善，还有待进一步改进，如能成功，可使效率提高五倍。于是他创制了轮转式发石车，能连续发出大块石头，石块可射出几百步之远。

◎故事感悟

马钧的发明创造是多方面的。不论为民还是做官，他都不懈钻研、探求。丰硕的发明成果对他来说并不意外，春播秋收、春华秋实当是顺理成章。马钧制造的新式织绫机、龙骨水车、指南车等，都给后继者开辟了道路，提供了经验。他在龙骨水车、指南车的制造中所运用的机械原理，比外国要早七八百年，不愧为中国古代杰出的机械改革发明家。

◎史海撷英

黄巾之乱

184年，太平道首领巨鹿人（今河北平乡）张角及兄弟张梁和张宝率信徒发起民变，史称黄巾之乱。黄巾军迅速发展到数十万追随者，引起全国性的战乱。汉灵帝派皇甫嵩、卢植及朱隽等率中央军压制，又令地方州郡政府和豪强地主招募军队协助。最后黄巾军的主力虽然很快被击溃，不过余部仍然散布各地。由于朝政动荡民不聊生，很多黄中军余部顺势占山成寇，成为造成东汉末年乱世局面的重要因素之一。

张仲景攻克瘟疫

◎有为者，譬若掘井，掘井九仞而不及泉，犹为弃井
也。——《孟子·尽心上》

张仲景（约150—219年），东汉末年著名医学家，被称为医圣。相传曾举孝廉，做过长沙太守，所以有张长沙之称。张仲景广泛收集医方，写出了传世巨著《伤寒杂病论》。它确立的辨证论治原则，是中医临床的基本原则，是中医的灵魂所在。在方剂学方面，《伤寒杂病论》也做出了巨大贡献，创造了很多剂型，记载了大量有效的方剂。其所确立的六经辨证的治疗原则，受到历代医学家的推崇。这是中国第一部从理论到实践、确立辨证论治法则的医学专著，是中国医学史上影响最大的著作之一，是后学者研习中医必备的经典著作，广泛受到医学生和临床大夫的重视。

张仲景又叫张机，出生于南阳郡（今河南南阳市）。他从小就勤奋好学、善于思索，不论什么事，都要刨根问底，求个来龙去脉。他读了很多的书，对那些殚精竭虑、勇于钻研为民众排忧解难的官吏和其他人士格外仰慕。他从史书上看到扁鹊为老百姓治病的故事，特别感动，下决心要像扁鹊那样，把救死扶伤、解除世人的病痛之苦当做自己的使命。从此，他刻苦钻研病理，在年轻时就掌握了丰富的医学知识。

那时正是东汉王朝的末期，农民起义此伏彼起，一浪高过一浪。大地主、大军阀也为了争权夺利，依据武力，各霸一方。烽火连年，田地荒芜，死尸枕藉，饿殍遍野，天灾交下，瘟疫流行，无情的瘟疫每年都要夺去无数人的生命。张仲景目睹着因病而死去的人以及死者家属痛不欲生的情状，耳闻着病人悲凉的呻吟，心里十分痛苦。他辞去官职，专心研究医学，给百姓看病，

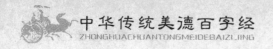

横下一条心，非要制服瘟疫不可。

面对着像伤寒这样传染性极强的流行病，当时很多医家都束手无策。因此，张仲景清醒地认识到，要想制服这种流行病，是必须下一番苦工夫的。于是，他废寝忘食，翻遍了古代的医书，凡是前人医病的宝贵方法，他都搜集起来，然后进行分析、归纳，真正做到了"勤求古训"。有不明白的地方，他就向自己的老师——同乡人张伯祖求教，以便完整准确地领会以往医家对病理的看法以及治疗方法。

张仲景在潜心钻研《内经》、《难经》、《胎胪药录》等古医典药著的同时，把学习心得应用于治病救人的实践中去。在实践中，他发现单单依靠前代医家的某些见解和结论，并不能完全奏效。有人说："天下万事万物，殊途而同归，一致而百虑。"他认为对流行瘟疫的治疗也是如此，医家治病救人的关键，就是遵循病理和药理，对前人的结论不可拘泥，重在实践。于是，他对病人进行周密的观察和揣摩，经常到旷野乡村，不弃村妇野老之见，广泛搜集有效的药方，力争做到"博采众方"。寒来暑往，张仲景这样不畏艰辛、虚心好学，再加上勤于思考，逐渐掌握了"六经分证"和"辨证论治"的治疗原则，运用这些原则，治好了无数被瘟疫困扰的病人。看到这些病人重新走向生活，他心中感到莫大的慰藉。

张仲景不但勇于实践，还善于从实践中总结经验。经过认真观察，反复实践，他参考先代医家的见解，综合自己的实践经验，写成了16卷的《伤寒杂病论》，把伤寒的病症分辨成六类八型，从而使古代"辨证论治"方法更加具体化了。此后，医生治伤寒感冒，只要根据病人的症状，分辨出属于哪一种类型，再对症下药，就很容易把病治好了。

在《伤寒杂病论》这部医书中，一共记载了治疗传染病的方子30个，治疗原则397条，此外还有许多治疗各种杂病的方子。这部书后来散佚，历经后人多次收集整理，今存有晋代名医王叔和改编的《伤寒论》及《金匮要略》两书。

《伤寒论》系我国最早论述多种外感热性病的专著。《金匮要略》以论述内科杂病为主，兼及妇科和儿科。张仲景将前人之病因学说、脏腑经络学说同四诊（望、闻、问、切）、八纲（阴、阳、表、理、虚、实、寒、热）结合，概括出一整套六经分证和辨证论治原则，以汗、吐、下、和、温、清、补、消为各种病症的疗法。这些原则为后世医家奉为准绳。

◎故事感悟

张仲景的医学理论和学术成果是中国医学史上一朵明艳的奇葩，它的根须汲满了张仲景求索的艰辛和百折不挠的意志养液。张仲景的求索精神，至今仍激励着无数的后来人在科学之途上奋勇直前。

◎史海撷英

东汉官职制度

东汉中央政府的官员分省官、宦官、外官三大系统。内官、外朝的区分古已有之，而在宫廷之中，皇帝日常起居的区域称省中（亦称"禁中"），因此内宫官员中又有宦官与省官的区分。在皇帝身边执役、照顾皇帝日常生活的是宦官，省中的宦者均隶属黄门令管辖。省内的禁卫工作亦由宦官担任。

◎文苑拾萃

《伤寒杂病论》

公元3世纪初，张仲景博览群书，广采众方，凝聚毕生心血，写就《伤寒杂病论》一书。中医所说的伤寒实际上是一切外感病的总称，它包括瘟疫这种传染病。该书成书约在200—210年左右。在纸张尚未大量使用，印刷术还没有发明的年代，这本书很可能写在竹简上。

李杲倡导"脾胃学说"

◎虽有天下易生之物也，一日暴之，十日寒之，未有能生者也。——《孟子·告子上》

李杲（1180—1251），字明之，真定（今河北省正定）人，晚年自号东垣老人，他是中国医学史上"金元四大家"之一，是中医"脾胃学说"的创始人，强调脾胃在人身体的重要作用，因为在五行当中，脾胃属于中央土，因此他的学说也被称作"补土派"。

李杲勤奋好学，勇于探索，对《内经》、《难经》等古典医学书籍都认真学习，并作了深入的研究，获得了丰富的实践经验，对中医学理论有较深的造诣。他一生除了深入研究医学典籍，精心习医和忙于诊务外，还著有《伤寒令要》、《兰室秘藏》、《内外伤辨惑论》、《脾胃论》等医学著作，特别是《内外伤辨惑论》、《脾胃论》两书，对中医学术的发展影响很大，受到后世医家的广泛重视。

李杲富有创造精神，师古而不泥古，不墨守成规，对前代医家的学说，总要在亲身实践中加以检验。他结合自己几十年的医疗实践，创造性提出了"脾胃学说"。他认为人体的强壮康健，各个组织器官的活动功能，都必须有相应的营养物质作为基础。而机体各种营养物质的来源，最重要的是依赖"脾胃"的不断摄取和消化食物转化而成，因此一旦脾胃功能受到伤害，就要发生疾病。体质虚弱的人在患病之后，由于脾胃功能低下，机体所需要的各种营养物质生化无源，机体各组织器官也相应低下，协调作用也差，治疗就比较困难，并能使疾病转成慢性疾病。所以他创造性地提出了人以脾胃为本和"内伤脾胃，百病由生"的学术观点，在治病用药方面强调调理脾胃。这种学说，对于"头痛医头，脚痛医脚"的机械治病方法无异于是一种批判。

李杲对导致脾胃功能受损、造成体质虚弱的原因，归纳为劳役过度、饥饱失常、寒温不适和长期的过度精神紧张、恐惧。这种把精神情感方面的变化作为发病重要因素的观点，不仅在当时是一个重大发展和突破，而且从现代发病学的观点看，也是很值得重视的。

当代不少医家、医著、科研单位，不仅注释了李杲的《脾胃论》等医学著作，而且在研究脾胃的生理、病理现象方面也更加深入了。但追根溯源，还是以《脾胃论》的理论为基础而发展和深化的。

◎故事感悟

李杲之所以能取得如此重大的医学突破，与他一丝不苟、刻苦钻研的探求态度密不可分。他对每一病例，都深究始终，并且进行了大量的记录。多年的钻研与实践，使他著有《脾胃论》等书，这是他一生心血的结晶，也是他执著探求精神的硕果。

◎史海撷英

李杲治瘟疫

李杲生活在兵荒马乱的年代，时有瘟疫流行，他见到许多人患了"大头天行"的病，头大得像西瓜一样，非常痛苦，便潜心钻研《内经》《伤寒》等书，终于研究出了一张方子，治疗此病非常有效。后来，他将这张方子刻在木碑上，插在人来人往的热闹地方，病者抄了回去，几乎没有治不好的。有人还将这张方子刻在石碑上，以便流传更广，当时人们都以为是神仙留下的神方，李杲也就有了"神医"之名。

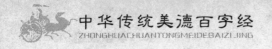

◎文苑拾萃

《脾胃论》

《脾胃论》，李杲撰，三卷，1249年成书，为其晚年之作，也是集中反映他学术理论的代表著作，刊行于李氏身后。全书由医论38篇，方论63篇组成，分上、中、下三卷。

上卷分别阐述了脾胃生理特性、病理变化，及在发病学上的认识意义，宗《内经》、《难经》之旨而发挥之，并附升阳益胃汤等诸方论述各症治疗之法；中卷就气运衰旺、饮食劳倦热中证等专题作进一步阐发，并译述补中益气汤、调中益气汤等补脾胃诸方的主治应用、加减配伍；下卷着重论述脾胃虚损与其他脏腑、九窍的关系，以治疗饮食伤脾等证诸方、有关治验。

外科学的杰出医家陈实功

◎不饱食以终日，不弃功于寸阴。——葛洪

> 陈实功（1555—1636年）中国明代外科学家。字毓仁，号若虚崇川（今江苏南通）人。明代著名的外科学家，对外科学的发展起了重要的作用。

　　陈实功很小的时候就刻苦学习，读了很多医药学方面的书。他对长辈文学家李攀龙关于"医之内外有别也，治外较难于治内。何者？内之症或不及其外，外之症则必根于其内也"的医学见解很感兴趣，他决定探索内科与外科的关系尤其是外科的病理及医疗方法，于是从少年时代起就专门研究外科。40年的探索历程中，他始终如一，刻苦努力，严格要求自己。他强调，无论内科、外科都必须勤读古代医学名著，要手不释卷，熟读消化，以达到灵活运用并能用其指导医疗实践而不致发生差错的目标。同时他还指出：对当代有名的文学家、哲学家、医学家新编的医理、辞说，也必须广泛参阅，以增长学问和见识，这是做一个好医生所必备的基本条件。

　　由于不断实践，陈实功在外科理论和外科手术方面都有独到之处。晚年的时候，他认为如果把自己多年积累的经验和体会流传下来，可能对后世医学多少有些补益，于是把外科大小诸症分门别类地从病理、症状、治法、典型病理以及药物的炼制等方面一一记载下来，为了便于记诵，还编成许多歌诀，在万历四十五年（1617年）写成了《外科正宗》。

　　《外科正宗》对大多数外科疾病都首先综述各家的病因病理学说，详述其临床症状和特点，论述各种疾病的诊断方法和要领，多指出出现何症为吉，出现何症为逆，出现何种征象为死候，然后介绍各种治疗方法、方剂或手术的适应征、禁忌征；指出何症宜内治，何症应外治，哪些病要进行外科手术方可治愈，并且大都附录了自己成功或失败治疗的病案。全书组织严密，科学性较强，是中国医学发展史上的一部重要著作，对中医外科学的发展有着很大的影响。

除了理论方面的贡献外，陈实功对外科疾病的认识和外科手术的创造也有独到之处。例如：他把鹤膝风（类似膝关节结核）附于骨疽（类似骨结核）条下，以充分的论据指出二者类同的症候、相似的愈后、有区别的诊断要领和基本一致的治疗方法。他正确指出内服药和外用膏帖只有渐渐取效，没有成效，就会造成痼疾。他承认自己还不能很快治愈这种骨关节结核病变的客观事实，显示了他实事求是的科学精神。

关于阑尾炎，虽然《内经》和汉代张仲景已早有认识，也创造了有效的治疗方法，但对阑尾炎发病的诱因和病机等还缺乏系统的认识。陈实功总结自己的临床观察所见，指出了阑尾炎的诱因和病机。他认为，男子暴急奔走，影响肠胃的消化转送功能，造成肠胃出血，浊气壅塞肠胃，容易发生阑尾炎；妇人产后体虚多卧，不能坐起活动，造成肠胃功能失调，也容易导致阑尾炎；饥饿、过饱、酒醉、饮食生冷、担负重物，都容易导致阑尾炎。他在《外科正宗》中所绘制的肠痈图，所标明的体表部位是很精确的。按其绘图测量，其部位在麦氏点和兰氏点之间。这说明他观察病人是非常细致的，洞察力和综合分析能力也是十分惊人的。

在内外科的关系上，陈实功强调外科医生不仅要掌握外科治疗技术，同时也要掌握内科知识。在护理方面，他强调要注意病人的饮食营养，反对无原则的饮食禁忌。他认为前代有些医家不分青红皂白，只要是创伤、疮疡，就要病人忌食鸡、鸭、鱼、肉等，这不但妨碍了病人的营养吸收，也降低了病人抗御外伤、修复疮疡的能力。

陈实功很重视外科手术，反对轻视手术的保守疗法，主张内服药物疗法和外治手术并重，特别对脓肿一类疾病，强调尽早手术切开引流。为了减轻病人痛苦和缩短治疗时间，他还在扩大治疗范围、创造手术器械和精心设计手术方法上做出了杰出的贡献。

食道异物在没有现代食道镜应用前是一个棘手的疾患，陈实功发明的乌龙针为解决外科医生治疗这一疾患提供了较为科学的治疗器械。他指出：如果针、钉、鱼骨等异物在咽部，可从口内以乌龙针取出；若已到咽部以下，则用乌龙针送到胃内，以便大便排出。他还指出病人误吞针、钉、骨刺哽于咽部的时候，应设法从口内取出，方法是：用乱麻筋一团，搓龙眼大，以线穿系，留线头在外，汤湿急吞下咽，顷刻扯出，其针头必刺入乱麻团中同出。如不中，则再吞再扯，以出为度。

这种方法在今天看来，是比较简单而原始的。但在三百多年前，能创造出这种比较科学的方法，设计出这样精巧的器械，则具有较高的科学价值。陈实功还在治疗脱疽（血栓闭塞性脉管炎）和摘出鼻痔（鼻息肉）方面进行了许多成功的探索。

陈实功所以能在外科学的发展中取得这样伟大的成就，与他一生刻苦钻研、重视基础理论、重视理论联系实际、不墨守成规等思想观点有着密切的联系，与他高尚的医德也是不可分的。

陈实功平时以"五戒"、"十要"要求自己。"五戒"的主要内容是医生不得计较诊金的多少；对贫富病人要平等对待；医生不得远游，不得离开职位，以免危急的病人因得不到及时的治疗而发生意外等。"十要"主要是要求医生勤读先代名医确论之书，旦夕手不释卷，细心体会，使临症不会发生错误；对药物则一定要精选，绝不可粗制滥造等等。

◎故事感悟

陈实功是中国历史上一位杰出的外科医学家。他重视医学基础理论，提倡"治外必本诸内"的学说，反对轻视诊断，乱投药物，纠正外科易于内科的错误观点，对疑难病例据实客观分析，以及在外科疾病诊断、治疗、手术等方面敢于求索创新的精神，至今仍然值得我们借鉴。

◎史海撷英

江南民变

明神宗朱翊钧统治时，为了增加皇室的收入，挖空心思地榨取百姓的血汗。从1596年开始，他派遣宦官到手工业和商业发达的大镇做"税监"、"矿监"，搜刮钱财。税监在重要城镇和水陆交通线上设立关卡，拦截商人，强行征税。在长江航线上，关卡林立，以至行船一日，要缴税五六次之多。老百姓的车船房屋、牲畜粮食，都得缴税。矿监更是霸道，他们常说张三或李四家的房屋下面有矿藏，祖坟下有矿藏，被诬人家只好送礼，磕头求情，以免拆除房屋或祖坟被掘，有的甚至被闹得家破人亡，仍免不了房屋被毁，祖坟被挖。税监、矿监的疯狂掠夺，引起了人民的强烈反抗。

◎文苑拾萃

《外科正宗》

《外科正宗》系由明代陈实功编著的一本外科专著，成书于1617年。

《外科正宗》全书共四卷，卷一总论外科疾患的病源、诊断与治疗；卷二至卷四分论外科各种常见疾病一百多种，首论病因病理，次叙临床表现，继之详论治法，并附以典型病例。书中绘有插图三十余帧，描述各种重要疮肿的部位和形状，最后又介绍了炼取诸药法。在中医外科书中，本书向以"列症最详，论治最精"见称，因而备受后世推崇。是一本中医外科理论和临床实践价值颇高的中医外科名著，可供学习和研究中医外科以及临床医师参考之用。

吴又可专攻温病

◎有恒则无所不破，水滴石穿，绳踞木断，间断无所能成。——康有为

吴又可（1582—1652年），名有性，字又可，号淡斋。明代江苏吴县人。一生从事中医传染病学研究，著有《瘟疫论》一书，阐发了传染病病因学说。

明朝末年，战乱频仍，疫病流行。崇祯十四年（1641年），吴又可亲自见到疫病在山东、江苏和浙江等地猖獗流行，很多人都染上了病，有的甚至全家都染上了病，一条巷子里一百多家，没有一家幸免，一家数十口人，没有一人活下来。当时，不少医家出于职业道德，热心地为病人治病，可是却错误地用治疗伤寒的方法来治这种疫病，结果白白死掉的人难以计数。事情过去很长时间，吴又可还深感那些可怜的病人没有死于疫病，反而死于医家之手的沉痛教训，决心对温病的成因、传染途径以及平日用过的验方作深入仔细的研究和探索。

吴又可对先代医家的医学著作钻研之余，还经常冒着患病的危险亲自到传染病发生的地区进行采访、调查，并将所获得的第一手资料进行分门别类的研究。日积月累，他积累了比较丰富的认识温病和治疗温病的经验。

吴又可是一位实事求是、一丝不苟的人，他反对因循守旧，富有革新思想。他认为先代医家张仲景虽写了《伤寒论》，可是只是针对一般外感风寒的，和瘟疫迥然不同。对于传染病的病因，他认为"既非风寒所致，也非湿热造成的，而是天地间一种不同寻常的气导致的"。对于所谓的"异气"，他又称

为"戾气"或"杂气"。他认为"戾气"的种类很多，只有某一种特点的"戾气"才能诱发出一种特定的疾病。

他还进一步肯定"戾气"又是疔疮、痈疽、丹毒、发斑、痘疹之类外科和儿科病症的原因。这种把传染病的病因和外科、小儿科传染病感染疾患的病因，都看成是由于"戾气"引起的见解，对于外科、小儿科疾患感染的防治，具有重要的理论和实践意义。

此外，在对传染病的治疗方面，吴又可主张针对发病的原因而进行医治，他说"因邪而发热，但治其邪，不治其热而热自己。夫邪之于热，犹形影相依，形亡而影未有独存者"。他希望终有一日，能发明治疗各种病患的特效药。所有这些，都涉及现代传染病的各个方面。他所处的时代是17世纪，而他的成绩是在东西方都还没有应用显微镜来观察致病微生物的情况下取得的，这是了不起的科学成就。

吴又可根据自己长期对温病的观察和研究所取得的经验，写成了《温疫论》，书中提出了一整套有关传染病的新思想和新学说，为温病学说的形成奠定了基础。

◎故事感悟

吴又可的成就启示我们，在科学的领域里，前人的成就应该尊重，但又不能被前人所定的框框限制和束缚。吴又可敢于跳出当时绝大多数医家所拘泥的张仲景的《伤寒论》中的古法，跳出只在伤寒学的注释上转圈圈的窠臼，猛烈抨击墨守伤寒成规的做法，这种善于思考，勇于突破前人框框的进取思想，值得后人学习。

◎史海撷英

隆庆新政

隆庆新政是明朝明穆宗朱载垕统治时期所出现的承平时期。明穆宗统治期间以隆庆作为年号，朱载垕因为即位前一直生活在宫外藩邸，所以较为体察民情，

《明史》说他"端拱寡营，躬行俭约"。明穆宗用人不疑，文有徐阶、高拱、张居正、杨博，武有谭纶、王崇古、戚继光、李成梁。这一时期社会比较稳定，经济比嘉靖朝有了较大的改观，所以后世史学家称其为隆庆新政。

◎文苑拾萃

《瘟疫论》

　　吴又可于崇祯十五年（1642年）撰成《瘟疫论》，据《四库全书总目》载，《瘟疫论》两卷，补遗一卷，版本主要有清初刻本、四库全书本等。上卷载论文50篇，阐述瘟疫之病因、病机、证候、治疗，并从多方面论述瘟疫与伤寒的不同。下卷载文36篇，着重论述瘟疫的兼证，有数篇论述瘟疫名实和疫疠证治。

　　吴氏认为，瘟疫之因，为无形之"戾气"，从口鼻侵入人体。戾气有多种，各有"特适"性和"偏中"性，即不同戾气具有侵犯一定脏器的特异性，人或动物对某种戾气也具有不同感受性。提出"能知以物制气，一病只有一药之到病已"的原则。把戾气侵入途径分为"自天受"（空气传染）和"传染受"（接触传染），既可形成流行之疫，也可出现散发之疫。并提出"达原"、"三消"等治法。

程国彭著《医学心悟》

◎有志者，事竟成。——《后汉书》

> 程国彭（约1680—?），字钟龄，号恒阳子，歙县人。清康熙、雍正年间人，程氏为佛教徒，晚年在歙县普陀寺修行，法号普明子。

　　程国彭是清代康熙、雍正年间一位医术高明而享有盛誉的医学家。

　　程国彭少年时体弱多病，每次生病都缠绵难愈，于是他便对医学产生了浓厚的兴趣，但缺乏名师指导，主要靠自学。他刻苦攻读了多种医书，特别是对先代一些有成就的临床医学家的著作更是认真钻研，手不释卷。他十分推崇东汉时代奠定中国临床医学基础的医学家张仲景，但也认识到作为一个医术高明的医生，应该博采众家之长，否则容易失之于偏。因而他下工夫专门钻研金、元时期的刘完素、李杲、朱丹溪等名医的论述，汲取了他们的学术专长和医疗经验，并结合个人见解予以综合分析，在数十年的医疗实践中，他治救了无数的病人。他在晚年编写了《医学心悟》这部浅显实用的临床著作，为普及临床医学做出了可贵的贡献。

　　《医学心悟》一书，共十余万字。首先分析介绍了医家治病所以产生误治的多种原因，指出学医者应如何掌握诊脉的要点，医生应如何通过望、闻、问、切四诊，明辨病症的八纲（即寒、热、虚、实、表、里、阴、阳）属性，并着重论述了治疗八法（汗、和、下、消、吐、清、温、补）。所谓八法，在历史上中国临床医学的奠基人——东汉张仲景是运用较早的一位，但当时还不够系统、完备，也没有"八法"的名称。经历了一千多年的充实和发展，程国彭将八法的定义、辨证用法、治疗适应征和禁忌征以及如何掌握八法要领等，在紧密联系医疗实践的基础上予以阐释发挥，对于学习临症的医家有重要的参考价值。

程国彭还在《医学心悟》中列述了常见病症一百余种，包括多种内科杂病、伤寒、疫病、妇产科病症，以及一些外科、五官科、口腔科病症，每种分别记述其病因、症候、诊断和治疗。全书的理论部分论述简要，剔除了古说中的不少糟粕内容，病症分类清楚，选方切于实用，并有个人自拟的经验效方。其中如治疗各种咳嗽的止咳散，治疗眩晕的半夏白术天麻汤，适用于肺燥痰饮病症的贝母栝蒌散，治疗颈淋巴结核的消瘰丸，以及治疗闭经的泽兰汤等，都具有较好的疗病效果，后世临床医生颇多采用。由于程国彭是一位具有坚实理论基础和丰富临床经验的医学家，故其著作刊行后，不少医家用以作为教授门人弟子的教本。

作为一位医学家，程国彭之所以能取得显著成就不是偶然的。首先，他酷爱自己所说的这门学科，坚持不懈地认真钻研求索。在读书过程中，凡遇到难以理解的地方，他都牢记在心，不肯放过，昼夜不停地琢磨，当恍然大悟时就拿起笔记录下来。就这样，经历了30年，他才深觉医道精微。他认为，思贵专一，不容浅尝辄止，学贵沉潜，不能浮躁涉猎。他还说："医生所做的事，是性命攸关的事，在技术上不可以不精；在思想上，不能不时刻怀着体恤患者的慈悲念头；在读书明理上，不达到豁然大悟，是不可以停止的。"

由此可见，程国彭热爱医学，专心致志，固然是他取得成就的重要原因，但是，更重要的是他认识到医生肩负治病救人的重任，这也是他严谨不苟，钻研探索的深层动因。

程国彭对自己的学习严格要求，不满足于一般的理解，而要求达至大悟，他的医著也正是因此而命名的。这和一般寻章摘句，抄袭敷衍的作品是有本质区别的。

同时他也善于读书，比如东汉张仲景的《伤寒论》，是中国最早的临床专著之一，全书有397法，113方，历来被认为比较难读，更不容易贯穿理解。

他在潜心探索十多年之后，将伤寒的病理总括为"寒"、"热"、"虚"、"实"四个字，并从四字引申为八句："有表寒，有里寒，有表热，有里热，有表里皆热，有表里皆寒，有表寒里热，有表热里寒。"如果没有锲而不舍的钻研精神，如果没有较好的学习方法，是不可能从散论杂议中思索出如此精辟见解的。

◎故事感悟

由于少年体弱多病，程国彭深知病人的痛苦，因此对医学产生了浓厚兴趣。由于刻苦钻研并博采其他医生的专长，他很快就成了著名的医生，并著有《医学心悟》一书，为我国医学做出了杰出的贡献。他的《医学心悟》使后人受益匪浅。

◎史海撷英

清顺治时的文字狱

清朝时期的文字狱是空前绝后的，而且随着统治的稳固而加深，越是统治稳定的时期，文字狱就越是登峰造极。至乾隆时期，已是空前的强化，中国的传统文化，也因此而扭曲变形，变成了不折不扣的"奴才"文化！清朝人"言论自由之人权"的第一次恶化，起于顺治四年——广东和尚函可身携一本纪录抗清志士悲壮事迹的史稿《变记》，被南京城门的清兵查获，在严刑折磨一年后，定谳流放沈阳。次年，又有毛重倬等坊刻制艺序案。毛重倬为坊刻制艺所写的序文不书"顺治"年号，被大学士刚林认为是"目无本朝"，有关"正统"的"不赦之条"。

清人"言论自由之人权"的第二次恶化，是顺治十八年（1661年）至康熙二年（1663年）的庄廷龙明史案。浙江湖州富户庄廷龙双目皆盲，受到"左丘失明，厥有《国语》"的鼓励，出钱购买明末人朱国祯一部未完成的《明史》，然后延揽名士，增润删节，补写崇祯朝和南明史实，窃改为己作，定名《明史辑略》。因所续诸传多有冒犯清朝开国事，被落职知县吴知荣在敲诈未遂后举报京城，从顺治十八年查至康熙二年，历时二年，重辟70余人，凌迟18人，已故庄廷龙也被

"戮其尸"。这一次恶化的重要标志在于，"文字狱"可以"株连极广"，不仅九族须灭，所有撰稿者、作序者、校对者、抄写刻字者以及购书者，"一个也不能少"，"皆不免于难"。

◎文苑拾萃

《医学心悟》

《医学心悟》是综合性医书，五卷，由清朝人程国彭撰于 1732 年。卷一总述四诊八纲及汗、吐、下、和、温、清、补、消八法的理论、法则及其在临床上的运用；卷二阐述《伤寒论》的理论和证治；卷三至卷五分述内、外、妇产、五官等科主要病证的辨症论治，每症分别记述病原、病状、诊断和治法。全书语言精练，分类清楚，论述简要，选方切于实用，并有人自拟经验效方，在临床医学门泾书中很有影响。

孔尚任写《桃花扇》

◎不可因倦而鲜终。——洪应明

> 孔尚任（1648—1718年），字聘之，又字季重，号东塘，别号岸堂，自称云亭山人。山东曲阜人，孔子六十四代孙，清初诗人、戏曲作家。时人将他与《长生殿》作者洪升并论，称"南洪北孔"。

孔尚任是孔子的六十四代孙，年轻时就喜欢搜集南明朝时的故事。他的族兄孔才训和舅翁秦光仪曾在南京做官，对南明朝朝廷的内幕比较熟悉，他就登门拜望，并请求他们讲讲南明朝的趣闻轶事。在交谈中，秦光仪给他讲了"李香君血溅桃花扇"的故事，大意是：秦淮名妓李香君，与复社文人侯方域相好。定情之后，侯外出。奸臣阮大铖为了报复复社文人，就怂恿马士英派人抢娶李香君送给田仰。香君不从，倒头撞地，血溅定情纸扇。有人见扇上几点血痕，红艳非常，就用笔点染成几枝桃花，遂名"桃花扇"。

孔尚任听了，很受感动，又详细询问了李香君与侯方域的爱情遭遇以及南明朝小朝廷的趣闻轶事，才告辞回家。

孔尚任对李香君的故事久久不能忘怀，决定写部《桃花扇》的剧本。后来，孔尚任被派往江苏沿海一带担任治水的小官。这是件苦差事，但对他创作《桃花扇》却起了不少的作用。

在治水过程中，他又深入了解了扬州、南京这两座名城的历史，游历了这两个城市附近的许多城池和古迹；看过秦淮河上李香君"眠花"的旧院。

同时他还结识了许多不与清朝统治者合作的人，他们有的是南明朝灭亡的目击者，有的是南明时搞政治活动的人，有的也是侯方域的好友。这让他对南朝的兴亡有了深刻的了解。孔尚任从他们口中得到许多可靠的史料，成为他后来写《桃花扇》的第一手资料。

此外，由于孔尚任亲眼看见了南京、秦淮和扬州的景物，所以在《桃花扇》里，他描写的三地景物也就十分逼真，富有吸引力，使读者如身临其境。

治水三年后，他重新回到北京。这时他对官场生活已深感厌恶，虽还继续担任官职，但大部分时间却用来埋头创作。常常到三更半夜，他还在一字一句地反复推敲。

孔尚任在写《桃花扇》的时候，桌上总是摆一把用山东特产"鲁缟"制的扇子，素洁的扇面上画着几枝粉红色的桃花，他时而沉思默想，时而起立揣摩，总是不时凝望着这扇面上的桃花，似乎感到剧中的人物李香君、柳敬亭、侯方域等都一个个来到了眼前。虽然剧中人物繁多，事件纷杂，但看到这把桃花扇，又似乎感到有个中心。他把这些事件都用桃花扇串了起来。

即使是寒冬腊月，窗外西北风呼呼地吹着，漫天的大雪纷纷扬扬地下着，他趴在书桌上写作，常常不知不觉就进入剧中，写到这把扇子的时候，就情不自禁地拿起它端详一番，扇上一阵，扇的时间一长，感到冷了，这才意识到自己又入迷了，拍拍脑瓜笑笑，他又继续埋头写了下去。

当写得情绪十分兴奋的时候，他就把扇子折起来，连连轻敲着自己的腿。当反复吟诵那剧本中的唱段时，也往往轻轻地有节奏地用扇子敲着桌子。

有一天，孔尚任的同族举人孔尚铉进来看他，见他在大雪飞舞的严冬季节，手里还不停地摇着扇子，便感叹地说："窗内窗外两个季节，您手里摇着桃花扇，笔下写着《桃花扇》，真是如痴如醉，呕心沥血啊！"

1699年，《桃花扇》正式脱稿。可是，两袖清风的孔尚任没有钱刻印这部稿子，只好抄了几个副本保存着，所以这部名著在相当长的一段时间里没有刻印本流传。直到1708年，天津著名诗人佟蔗村看到这个稿本，非常喜爱，

出了50两银子，才把《桃花扇》正式刻印出来。孔尚任作为文学家的地位也得到了世人认同。

◎故事感悟

"大道不明，则精思难展；精思不展，则技艺难专"并非虚言。孔尚任和许多杰出的文学家一样，为我们今天求索攻坚、骋怀抒抱树立了典范。

◎史海撷英

靖州大捷

靖州大捷是南明军队在抵抗清朝军队时取得的一场战斗胜利。

明朝被李自成率领的农民军大顺军灭亡后，后金军队入侵关内抢夺胜利果实。李自成败亡后，明朝残余势力组成南明朝廷继续抵抗清军，但是弘光政权、隆武政权相继被清朝所灭，随后的永历政权也岌岌可危。在这样的危急关头，退往云南的大西军余部在孙可望的带领下联合永历政权，大西军加入南明军队，共同抵抗清朝军队。

永历五年（1651年）四月，秦王孙可望派冯双礼率领南明军队从贵州攻入湖南。明军攻克沅州后，移兵进攻辰州（府治在沅陵）。清续顺公沈永忠死守辰州，战事一度胶着。永历六年（1652年）四月，李定国率领所属部队进入湖南，与冯双礼部会合，并在五月中旬进攻靖州。沈永忠派总兵张国柱带兵8000名前往救援，但清军在靖州陷入明军重重包围。双方交战，清军大败，几乎全军覆没。明军趁胜攻克靖州、武冈州，取得了靖州大捷的胜利。

靖州大捷之后，沈永忠难以招架，他向在广西桂林的定南王孔有德求援未果，被迫于六月初二率清军狼狈退至长沙。但清军在长沙仍然站不住脚，不得已在八月初六又放弃长沙逃到岳州。此时南明朝廷在湖南的抗清局势大为好转，除岳州、常德尚在清军控制下，只剩下徐勇一镇据守辰州负隅顽抗。在靖州大捷的影响之下，南明军队收复了湖南大部分州县。

◎文苑拾萃

《桃花扇》

　　《桃花扇》是清初作家孔尚任经十余年苦心创作，三易其稿写出的一部传奇剧本，历来受到读者的好评。《桃花扇》共有40出，舞台上常演的有《访翠》、《寄扇》、《沉江》等几折。通过男女主人公侯方域（朝宗）和李香君的爱情故事，反映明末南明灭亡的历史现实。所谓"借离合之情，写兴亡之感，实事实人，有凭有据"。当时清初正是考据学极盛时期，影响了作者忠于历史的态度，剧本中绝大部分人物是真人真事，剧本所写的一年中重大历史事件甚至考证精确到某月某日，但由于并不是历史书籍，剧中加入故事情节，人物感情刻画，从深度和广度反映现实，并且有很高的艺术表现力，是一部对后来影响很深的历史剧。

章学诚探索史学

◎莫等闲，白了少年头，空悲切。——岳飞

章学诚（1738—1801年），清代史学家、思想家、方志学家。字实斋，会稽（今浙江绍兴）人。乾隆四十三年（1778年）进士。曾援授国子监典籍，主讲定州定武、保定莲池、归德文正等书院。后入湖广总督毕沅幕府，协助编纂《续资治通鉴》等书。他和唐代的史家刘知几被誉为"中国史学史上的双璧"。

　　章学诚出生于一个地主知识分子的家庭里，他的父亲章镳通晓史学，平时对他亲自教导，启发他独立思考的能力。章学诚少年时代并不聪明，身体也不好，每天只能读一百多个字，读多了就记不住了，经常患病，一年里顶多能有两个月能够打起精神读书。尽管如此，他喜欢读书，在20岁以前，仍然读了不少经书和文史之类的书籍，还经常发表自己的见解。如他认为邓元锡撰《函史》，以阴阳、老少来配合《函史》的上下篇是荒唐的，而且书中舛谬颠倒之处很多。这说明章学诚读书不限于支离破碎的训诂，能够识其大体，以义为主。

　　章学诚的父亲章镳为官清廉，不愿随俗沉浮，因而官运坎坷，家境日益困窘。章镳在应城知县任上只三年即遭罢官，罢官时负债累累，章学诚的母亲史氏用积蓄的银两还了债。从此，家境更加败落。章学诚在贫穷的家境中更加努力学习，他理解所遭受的困境，珍惜每一寸光阴。

　　乾隆二十五年（1760年），23岁的章学诚赴北京科考，没有考中。又过了九年，再度应试，中了个副榜，掌管国子监典籍。由于他的所作所为不合时尚，在国子监里落落寡合，后来拜朱筠为师，学习古文，甚得朱筠的赞扬，并与邵晋涵、周永年、任大椿、洪亮吉、汪辉祖、黄仲则等知名学者交游。

乾隆三十六年（1771年），章学诚到太平使院，此期间学识大进，开始撰写《文史通义》，甚得邵晋涵的称赞。36岁时写出了第一部地方志著作——《志隅》；40岁时，考中了举人；41岁时考中了进士。由于他不愿做官，仍然贫困如故，依人为生。

在这期间，章学诚受到友人周震荣的聘请，修永清县志。周震荣对他的生活多方照顾，在修志中给以便利条件，使他能够周游县境，进行调查，继续在史学领域里探索。他集中精力，用了三年时间完成了《永清县志》。乾隆四十四年（1779年），他到河南谋事不成，中途遇盗，行李等物品全部丢失了，所写的著述也没有了。这实在是雪上加霜。但他没有在叹息中沉沦，他从朋友那里借书来抄录资料，恢复了原著述的十分之四五。《校雠通义》的稿本也在这次横祸中丢失了四卷，再也找不到了，他就着手重写。由于生活无着，他不得不暂时回直隶肥乡县主讲清漳书院。

这时，章学诚的老师朱筠在北京去世。章学诚一家十五口在北京的街头徘徊，缺衣少食，受尽了艰辛，第二年终于到了边关的永平县，主讲敬胜书院，取资糊口。这期间他得了一场大病，好友邵晋涵把他请到家中为他治疗并悉心护理，才免于一死。后来，他写了《永定河志》、编纂了《史籍考》，主修了《湖北通志》，并参与毕沅《续资治通鉴》的编撰工作。

乾隆五十八年（1793年），章学诚已56岁了。他把家眷从亳州接回会稽，第二年，他本人也从湖北回到故乡。出外作客三十余年，颠沛流离，备尽艰辛，但他探索史学、编著史书的劲头始终没减。回家后房屋仅足容身，没法读书著书，不久他又离家游扬州、安庆、桐城等地。

在61岁时，章学诚在苏州继续编纂《史籍考》。毕沅死后，《史籍考》未成书，章学诚就到毕沅的家里访得残余，重订凡例，终于完成了325卷的《史籍考》。

嘉庆五年（1801年），章学诚的双眼因患病而失明了，他还念念不忘对史学的探索，自己看不到书卷和笔墨，就自己口述，令别人代写。直到第二年

十一月逝世。

章学诚一生的著述颇丰富，其中最主要的著述就是《文史通义》和《校雠通义》。这两部著作凝聚了他史学思想的主体。

章学诚是中国18世纪封建王朝禁锢思想最严重时期的启蒙思想家，具有"不宜以风气为重轻"的精神，大胆批判当时占统治地位的学术思想考据学派。他的思想虽然没有超出封建思想的范围，但对以后的思想启蒙产生了不可低估的影响。他在学术上的贡献主要是史学。他继承和发展了浙东学风，提出了杰出的史学理论，他的《文史通义》博大精深，是中国资产阶级史学出现前，古代史学理论的高峰。章学诚有着丰富的写作实践，他虽然没有机会到史馆参加修史，但所著的《史籍考》（可惜未能流传下来）和纂修的几部地方志，表现了他的史学天才，对后世中国史学界的影响是很深的。

◎故事感悟

章学诚生活于清王朝由鼎盛趋向衰落的时代，自幼培养出来的实事求是、不愿苟同的人格和学风铸就了他的悲剧性格。他一生颠沛流离，贫穷伴随一生，没有富贵荣华的显赫，也没有邀功求赏的机遇，甘愿在风雨如晦的人生旅途上倔强地走着，执著地追索着，每一步都是那样艰难。但他的著述、他的思想和学说，却在后世放射出耀眼的光华。与其说他是在贫穷中耗亡，毋宁说他是在步履维艰的探索中一步步远离腐朽。

◎史海撷英

乾隆帝重新统一新疆

北京内城南面西为"宣武门"，标榜皇帝"宣武"。明清入主北京的皇帝，真正称得上"宣武"的，只有明成祖、康熙、乾隆三位而已。乾隆不仅"崇文"，而且"宣武"。他的武功之一就是用兵西陲，开辟新疆、巩固新疆。在北疆，两次平准噶尔，基本上解决了北疆的问题。南疆，主要指天山以南的维吾尔族地域，清代称"回部"。准噶尔部强大时，回部受准噶尔贵族的欺凌与侵逼。但是，清军平定北疆后，回部贵族试图摆脱清朝，自长一方。为此，清军同回部大小和卓在库车、叶尔羌等几座南疆重镇进行了激战，最终获胜，重新统一南疆。从此西域与中原再度连为一体，定名新疆也是取"故土新归"之意。

乾隆在南疆实行因俗而治，设立阿奇木伯克制，由清廷任命，并设参赞大臣（驻叶尔羌）等官，分驻各城，加强统辖。制订《回部善后事宜》，对南疆管理体制做出改革。乾隆在新疆设伊犁将军，实行军府制，修筑城堡，驻扎军队，设置卡伦，巡查边界，移民实边，进行屯垦，加强了对新疆地区的管辖。

乾隆平准定回诸役，统一了准、回各部，加强了中央政府对西域的统辖，铲除了准噶尔东犯喀尔喀、威胁京师及大西北的祸根，保持了西北、漠北及青海、西藏的社会安定。

◎文苑拾萃

《文史通义》

章学诚的《文史通义》，堪称能与《史通》匹敌的第二部史学理论巨著。在《文史通义》中，章学诚不仅批判了过去的文学和史学，也提出了编写文史的主张。他对编纂史书的具体做法，又表现在他所修的诸种地方志之中。

《文史通义》共8卷，包括内篇和外篇两部分，内篇5卷，外篇3卷。但是，由于该书版本浪多，内容不尽一致。1921年，吴兴刘承干所刻《章氏遗书》本，《文史通义》内篇增一卷，又增《补遗》8篇。新中国成立后，中华书局据刘刻本排印又附增《补遗续》5篇。另外，旧本《文史通义》卷前刊有章学诚次子华绂写的序文一篇，刘刻本未载，新中国成立后排印本补入。

魏源与《海国图志》

◎以实事程实功，以实功程实事。——《魏源集·海
国图志叙》

魏源（1794—1857年），名远达，字默深。著名学者，中国近代启蒙思想家。湖南邵阳人。道光进士，官至知州。学识渊博，著述很多，主要有《书古微》、《诗古微》、《默觚》、《老子本义》、《圣武记》、《元史新编》和《海国图志》等。

魏源是近代中国睁眼看世界的一位先驱者，他积极收集西方资本主义国家的情况，编撰《海国图志》，探讨清王朝衰弱和西方国家强盛的原因，提出强国御侮的办法，是一位成绩卓著的爱国思想家。

魏源出生于湖南邵阳的一个官宦之家。1822年中举，在诸子百家、史地方面很有自己的见解。1826年，他受江苏布政使之聘，协助编辑《皇朝经世文编》，并参与筹议江西省的漕粮、水利等问题，后来又以内阁中书舍人候补，有机会广泛阅读各种典籍文献。林则徐与他交往甚深，非常器重他，推荐他为两江总督裕谦的幕僚。

1841年8月的一天黄昏，魏源在镇江码头又与好友林则徐重逢了。原来林则徐因鸦片战争遭贬革职，在被发配到新疆的途中，暂时在镇江停留，要与老友一叙。在魏源的住处，两位好友畅谈国事，互相勉励，抒发对民族忧患的悲愤之情。林则徐说："这次我在广东抗英，深感洋人得势的重要条件是船坚炮利。要反侵略，必须了解敌情，只有知己知彼，才能百战不殆。"接着林则徐打开一个布包，捧出一大捆书报，交给魏源，语重心长地嘱咐道："这

是我在广东时派人从海外书报上译辑的全部材料。如今我将远去，不知何日才能返回，这些东西就交给你吧！望你能编写一种介绍海外各国情况的书，以使国人广开眼界，悟其御侮之道。"在这材料中有《华事夷言》、《四洲志》、《各国律例》等，对于了解西方各国的政治、军事、经济、史地，都很有参考价值。

魏源不忘林则徐的重托，并在林则徐的启发下认真思索起来。在林则徐提供的材料的基础上，他还广泛地收集更多更新的资料。1840年7月，定海第一次被英军占领，侵略军为了进攻内地，派出人员刺探军情，绘制地图。一天，一名英国官员安突德正偷偷地在定海附近测绘地图，被当地老百姓抓获，扭送到宁波知府衙门。一个在知府衙门的友人把这消息告诉了魏源。魏源立刻赶到宁波，亲自审讯安突德。安突德详细地交代了英国的对华意图和兵力部署、武器性能，还对英国的政治、经济、历史、地理等情况作了交代。审讯的结果，使魏源得到了大量资料。他以此为基础，旁征博引其他见闻，编写成《英吉利小记》，并把它作为《海国图志》的一部分。

魏源从收集的资料中，看到了西方的先进技术。结合鸦片战争失败的现实，他认识到，西方的枪炮比中国高明，这在中英战事中已被证实。而朝廷的达官贵人饱食终日，夜郎自大，嘲讽西方技术是"奇技淫巧"、"形器之末"，这是多么可笑！在他看来，不学习先进的东西，就永远落后、挨打。只有向西方国家学习先进技术，中国才能走向富强。为了让中国人睁开眼睛看世界，魏源勤奋地伏案写作。

1843年初的一天，魏源写完了最后一页。共50卷的《海国图志》凝结着魏源的心血，作为当时东方各国人民了解和抵抗西方的第一流的宝贵典籍，就这样诞生了。

在《海国图志》中，魏源完整地提出了"以夷攻夷"和"师夷之长技以制夷"两大反侵略的鲜明纲领。"以夷制夷"就是利用西方各国之间的矛盾，使其互相制约；"师夷之长技以制夷"，就是学习西方先进技术为我所用，反抗西方各国的侵略。他还针对封建统治集团的腐败无能，提出改革内政的主张，为抵抗侵略、拯救祖国的中国人民指明了方向。

　　1844年，美国、法国效法英国，强迫清政府签订中美《望厦条约》和中法《黄埔条约》，其他各国也纷纷接踵而至，获得了与英、美、法同等的权利。目睹西方各国加速瓜分中国，魏源的"师夷之长技以制夷"的思想日益强烈，深感《海国图志》50卷本的不足。于是，他广泛收集材料，进行了增补。增补的内容大多是对西方先进科学技术的介绍，如火轮船、地雷、水雷、望远镜等器械的制造和使用方法，并附有更多的插图，以便了解、制造和使用。1852年，魏源将《海国图志》增补成100卷。百卷本《海国图志》大量地介绍了美国、瑞士等资本主义国家的民主政体，并给予高度赞扬。他已认识到，西方国家的资产阶级民主政体比中国封建君主专制政体进步。

　　《海国图志》的问世，标志着中国近代最早的进步思想家找到了救国的新方向。《海国图志》不胫而走，受到进步人士的好评，对我国近代的反侵略反封建运动产生了很大作用。

　　后来《海国图志》传入日本，也被介绍到西方。日本思想家纷纷争读，并把它奉为"海防宝鉴"，在日本的明治维新的改革运动中起到了相当重要的作用。

◎故事感悟

　　魏源积极探索中华民族繁荣富强的道路，并完成了鸿篇巨制《海国图志》，从而成了最早睁眼看世界、最早寻求中国富强和抵御列强方策的先驱之一，警醒了一代中国人。他对中华民族之崛起所做的贡献不可估量。

◎史海撷英

同治中兴

　　"同治中兴"是指清中叶后，同治在位期间（1862—1874年）为维护清朝统治的一个惯性恢复阶段。适逢1860年清政府与英、法合作，及太平天国崩溃（1864年），政治上出现了一个平静时期，下接洋务运动。亦有人把清时咸丰至同治时期定为咸同中兴，作为一个惯性恢复的阶段，但现时普遍都认为恢复时期主要在同治统治年间。

◎文苑拾萃

《瀛寰志略》

《瀛寰志略》作者涂继畬，于道光二十八年（1848年）初刻于福建抚署。1848年秋《瀛寰志略》刊行。

《瀛寰志略》是近代中国人系统介绍世界史地知识的名著，被视为《海国图志》的姊妹篇，是亚洲第一部系统介绍世界地理之著述，也是近代先进人物向西方学习的启蒙读物。以战国思想家邹衍所论中国之外有大九州，有大瀛海环之，故名《瀛寰志略》。书中全面而扼要地介绍了世界各国的地理沿革、政情民俗、经济状况。《瀛寰志略》共10卷，总分图44幅。

书中先为总说，后为分叙，图文并茂，用词雅正，互为印证，于各洲诸邦之疆域、种族、人口、沿革、建置、物产、生活、风俗、宗教、盛衰，以及列国比较，皆言之颇详，亦间有议论。《志略》共10卷，3卷志亚细亚，4卷志欧罗巴，1卷志阿非利加，2卷志亚墨利加，共介绍了100多个国家和地区。其中对亚洲、欧洲和北美洲的介绍尤为详细。对中国人很少了解的南美洲、大洋洲和非洲也都有所记述。

詹天佑与京张铁路

◎古之成大事者，不唯有超士之才，亦有坚忍不拔之
志。——苏轼

> 詹天佑（1861—1919年），字眷诚，号达朝，广东南海人，居住在湖南省，原籍
> 安徽婺源（今属江西）；他是中国首位杰出的爱国铁路工程师，负责修建了京张铁路
> （北京—张家口）等铁路工程，有"中国铁路之父"、"中国近代工程之父"之称。

詹天佑出生于广东南海县，7岁时入乡村私塾就读，但对"四书"、"五经"、八股文都没有兴趣，却对当时很少见的机器十分好奇，常常用泥土捏成各种机器模型玩耍。1871年，詹天佑被录取为中国第一批官费留美学生。

1881年，詹天佑作完题为《码头起重机的研究》毕业论文，获得学士学位。然而就在这一年，清政府迫于国内顽固派的反对，中止了派遣留学生的计划，决定把官费留美学生全部撤回。同年秋，包括詹天佑在内的105名留学生返回祖国。

当时的中国社会还很闭塞，清政府对留学人员另眼相看，不予重用。詹天佑回国后无法施展所学之长，被派到福州船政局船政学堂学习驾驶。直到1888年，经留美学友邝孙谋的推荐，詹天佑才被中国铁路公司聘为帮工程师，作为外籍工程师的助手，开始了他为祖国修筑铁路的生涯。这时他已经28岁了。

詹天佑到职后主持的第一项工程是铺设塘沽到天津的铁轨工程。19世纪90年代初，詹天佑又参加了京沈线的修建工程，开始显露出他的才华。

京张铁路的建成是中国铁路发展史上的一个奇迹，也是詹天佑一生中的

最大贡献。1905年，清政府从自身的政治统治和经济需要出发，决定修筑京张铁路，并同意全由中国人自己修筑。众望所归的詹天佑被任命为京张铁路会办兼总工程师，负责整个工程的实施。消息传出后，国内外舆论大哗。一些外国人根本不相信中国人能够自己完成这样艰巨的工程，说什么"能够修建京张铁路的中国工程师还没有出世呢"；国内也有人嘲笑詹天佑"胆大妄为"、"不自量力"。面对这些压力，詹天佑不为所动，针锋相对地反驳道：修造京张铁路的中国工程师"不仅已经出世，且现在存于世也"，并且坚定地表示，中国人不仅可以用自己的力量建成京张铁路，而且还要做到"花钱少，质量好，完工快"。

京张铁路虽然只有200多公里，但却穿越燕山山脉，沿途山势陡峭，地形险要，施工艰难为他处所罕见，是名副其实的攻坚工程。詹天佑满怀为国争光的激情，不辞劳苦地带领其他工程人员跋山涉水，往返数次，勘测了三条路线，最后确定了经过南口、居庸关、八达岭的现行路线。这条路线不仅比英国人金达所测定的距离大为缩短，而且隧道工程也减少了2000多米。

在施工过程中，詹天佑以非凡的毅力和决心全力以赴地进行工作。他把总工程师办事处搬到工地，日夜战斗在施工第一线。他不顾塞外凛冽的寒风和漫天灰沙，奔波于崇山峻岭之间，亲自指导施工，创造性地解决了一个又一个难题。修筑南口至八达岭的线路时，詹天佑为了减少长度和弯道，采用了33‰的爬高坡度，设计了两辆机车推挽列车的配套方案，保证了行车的安全与速度。他创造性地运用"折反线"原理，在山多坡陡的青龙桥路段，设计了"人字形"（或称"之字形"）展线方案，使关沟的展线坡度降低到33‰以下，八达岭隧道长度减少了一半。

开凿八达岭隧道，最初只从两头开凿，每日仅能掘进二尺多，效率甚低。詹天佑见费时太久，便采用直井凿开法，使原来的两个工作面变成六个工作面，加快了工程进度。

在詹天佑和广大员工的努力下，1909年7月4日，路轨接至张家口。这条铁路自1905年9月动工，只用了4年的时间就大功告成，比原来计划提前了两年，经费节省了35万两白银。

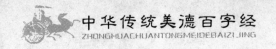
中华传统美德百字经
ZHONGHUACHUANTONGMEIDEBAIZIJING

◎故事感悟

在半殖民地半封建的历史条件下，中国依靠自己的工程师和建筑工人，用不长的时间，建成难度大、成本低的京张铁路，的确是一个奇迹。这充分显示了中国人民的聪明才智，提高了国人自办铁路的信心，增强了民族自豪感。事实证明，外国人能做到的，中国人也一定能做到，而且做得更好。京张铁路的建成使詹天佑誉满中外，从此他的名字就与中国铁路事业紧密地联系在一起了。

◎史海撷英

《辛丑条约》

《辛丑条约》，亦称《辛丑各国和约》《北京议定书》，是中国清朝政府与英国、美国、日本、俄国、法国、德国、意大利、奥匈、比利时、西班牙和荷兰在义和团运动失败、八国联军攻入北京后签订的一个和平协定，被认为是中国自第一次鸦片战争后签署的一系列不平等条约之一。条约签订于光绪二十七年七月二十五日（1901年9月7日），辛丑年，故名辛丑条约。公历又有"九七国耻"一说。

◎文苑拾萃

詹天佑铜像

詹天佑铜像位于延庆县京张铁路的青龙桥车站。詹天佑清咸丰十一年（1861年）四月二十六日生于广东省南海县，清同治十一年（1872年），考取公费赴美留学。清光绪七年（1881年）六月，毕业于美国耶鲁大学雪菲尔德理工学院土木工程系，同年八月回国。曾先后任福州船政学堂和广州水陆师学堂教员。

清光绪十四年（1888年），詹天佑任天津铁路公司工程师。1905—1909年间主持修建京张铁路，为中国第一代铁路工程专家。1919年4月24日在汉口仁济医院病逝，享年59岁。同年在青龙桥车站竖立一座詹天佑全身站立铜像。

詹天佑墓原在北京市海淀区万泉庄，1982年5月20日迁至青龙桥车站。墓室是由半浮雕的九块花岗岩石块与一个洁白的汉白玉石半圆冢所组成。冢下为墓穴，其内摆放着詹天佑先生及夫人谭菊珍的骨灰盒。墓碑是用花岗石镶边黑色大理石，其上刻写着500余字的"詹天佑先生生平"，并建詹天佑纪念馆。

第三篇

孜孜以求

孙膑身残志坚著兵法

◎欲当大任，须是笃实。——《二程集》

孙膑（？—前316年），其本名孙伯灵，是中国战国时期军事家，山东鄄城人。孙武后代。著有《孙膑兵法》，久已失传。

孙膑是战国时期齐国人，出生在阿（今山东阳谷东）鄄（今河南范阳县西南）之间，大约生活在公元前380年至公元前320年左右，主要活动于齐威王时期。他是春秋末期军事家孙武的后世子孙，中国历史上一位杰出的军事学家。

孙膑少年孤苦，毅力非凡，才智过人。为使国家免遭战乱之苦，他亲自到深山拜自号鬼谷子的王栩先生为师，学习兵法。

孙膑学习异常刻苦，勤奋向上。他尊敬先生，勤学好问，成绩优异，为学生之冠，深得师生的爱戴。先生传授《孙子兵法》13篇，他专心致志，废寝忘食，日夜苦读，所见之书，一阅即能诵忆。对先生每次提出的问题，他都是对答如流，一字不漏，并有自己独到的见地。

有一次，先生讲"谋攻篇"，说："用兵之上策是挫败敌人的战略方针（伐谋），其次是挫败敌人的外交（伐交），再次是挫败敌人的军队（伐军），下策是挫败敌人的城池（攻城）。"孙膑毕恭毕敬地站起来，说："这是对的先生，但我认为攻城不一定是下策，要据情而用之。"先生连连摆手称赞说："好，好，好！孙武后继有人哪！"

孙膑的一生，经历了坎坷不平的道路。当年，与他一起学习兵法的同学叫庞涓，两人相处和睦，如亲兄弟。孙膑常帮助庞涓学习，庞涓十分感激，曾发誓说："今后我一旦受宠，一定在当权者面前保举你，兄弟之间不相忘。"后来庞涓到了魏国，替魏惠王东征西战，深受重用，被任命为魏军的统帅。庞涓得志后忘恩负义，担心孙膑的品德和学识远远超过自己，便施以毒计，暗地里派人把孙膑请到魏国，花言巧语，欺骗孙膑为之写兵书，诡计败露后，反诬陷孙膑犯法，用酷刑割去他的双膝骨，使之残废，并在脸上刺了字，企图使他埋没人世，不为人知。后来，有一齐国使者把孙膑藏在车座下，秘密救回齐国。

回国后，孙膑凭着一颗赤诚的爱国之心，为祖国尽心尽力，先后协助齐威王和田忌大将两次打败魏国，屡建战功，威震四方，名显天下。齐威王给孙膑加官晋爵，孙膑面对褒奖和赏赐不仅不受，反而请求辞去军师职务，找个清静的地方，过着隐居的生活，决心攻著兵书，为后人造福。

孙膑撰著兵书的毅力十分惊人。他常常是在弟子的协助下通宵达旦地搜集、查阅、研究大量的历史资料，并忍受着酷刑残疾给自己带来的剧痛，潜心琢磨，演练推敲。他的几位学生曾与他同居，见先生如此刻苦，深受感动。学生劝他休息，而且轮流监护先生睡觉的情况。尽管这样，孙膑在梦中也经常大喊："这仗打得好，把它写进去！"有时他叫喊而醒，秉烛而起，伏床写作到天明……

孙膑治学态度严谨，刻苦撰著的《孙膑兵法》，既吸取了前辈军事思想的精华，又不被束缚，在《孙子兵法》的基础上有创新和发展。他主张的战争不可避免性，战前作好充分准备，重视城邑的攻取，战争中重视人的作用，坚持严格的军事训练等方面的军事思想，都值得后人借鉴和学习。

《孙膑兵法》是一部继《孙子兵法》之后中国军事遗产宝库中的又一颗璀璨的明珠，是中华民族对世界文化的伟大贡献。孙膑身残志坚、刻苦勤学、著书立说的精神，像《孙膑兵法》一样，流芳百世。

◎故事感悟

孙膑身残志坚，对战争规律的探索坚韧不拔，终于使《孙膑兵法》著成传世。虽然我们见到的只是残本，但孙膑求索的精神却完整地流传下来。

◎史海撷英

晋悼公复霸

晋厉公被杀之后，晋国卿大夫之间的斗争也趋于缓和，故在悼公时期，晋势复振。

悼公在对付戎人方面采取魏绛和戎的策略，即用财物去换取戎人的土地，以代替过去单纯的军事杀伐，借此抽出部分的兵力来加强对中原的争霸活动。

公元前571年，晋在虎牢（今河南汜水）筑城以逼郑。郑背楚而倒向于晋。这时晋、楚俱在走向下坡，但相比之处，晋略占优势，故楚不敢与其相抗。悼公能够复霸，原因就在于此。当然，晋的霸业至此也已接近尾声。

◎文苑拾萃

《孙膑兵法》

《孙膑兵法》又名《齐孙子》，系与《孙子兵法》区别之故。《汉书·艺文志》称"《齐孙子》八十九篇，图四卷"，但自《隋书·经籍志》始，便不见于历代著录，概大约在东汉末年便已失传。

1972年，临沂银雀山汉墓竹简出土，这部古兵法始重见天日。但由于年代久远，竹简残缺不全，损坏严重。经竹简整理小组整理考证，文物出版社于1975年出版了简本《孙膑兵法》，共收竹简364枚，分上、下编，各15篇。对于这批简文，学术界一般认为，上篇当属原著无疑，系在孙膑著述和言论的基础上经弟子辑录、整理而成；下篇内容虽与上篇内容相类，但也存在着编撰体例上的不同，是否为孙膑及其弟子所著尚无充分的证据。

蔡伦攻克造纸术

◎人之为学，须是务实，乃能有进。——曹端

蔡伦（63—121年），永平末年入宫为宦官。历任小黄门、中常侍兼尚方令、长乐太仆等职。元初元年，安帝封其为龙亭侯（封地在今陕西省洋县龙亭铺镇），食邑三百户。永元四年，蔡伦任尚方令后，利用供职之便，常到乡间作坊察看，见蚕妇缫丝漂絮后，竹箅上尚留下一层短毛丝絮，揭下似缣帛，可以用来书写，从而得到启发造出了植物纤维纸。元兴元年（105年），他将造纸过程、方法写成奏章，连同造出来的植物纤维纸，呈报汉和帝，和帝大加赞赏，蔡伦造纸术很快传开。人们把这种纸称为"蔡侯纸"，全国"莫不从用焉"。

蔡伦小时候就到宫廷里当太监，后来得到汉和帝的信任，被提拔为中常侍，管理宫内杂务，也参与一些机要大事的谋划。后来，他又任尚方令，管理宫内的手工作坊，监督工匠为皇帝制造刀、剑和其他器械以及工艺美术品，由于经常和工匠们接触，渐渐地对手工制造产生浓厚的兴趣，熟悉了工匠们所掌握的精湛制造技艺。他时常亲自动手制造器具，常常为自己能亲手制出比较精美的工艺品而得意。

在蔡伦以前，造纸术的发明和应用就经历了一段很长的过程。在西汉初期就出现了"灞桥纸"。这种纸是用大麻和少量的苎麻纤维为原料制成的，其制作技术比较原始，质地粗糙，不便书写。但新的道路已经开辟，迫切的社会要求又催促着技术的改进，可以用于书写的纸张的产生也为期不远了。西汉宣帝时期又出现了"扶风麻纸"。稍后，又出现了"金关纸"，这种纸色泽

白净，薄而匀，一面平整，一面稍起毛，质地细密坚韧，含微量细麻线头，可用于书写。东汉初期，又出现了"额济纳纸"，比金关纸稍好一些。由于造纸术改进比较缓慢，而且生产的数量极少，又很珍贵，所以在很长的历史时期里，还是以竹简和绢帛为主要书写工具。

蔡伦平时愿意动脑筋，能够细致地观察和发现问题。在宫中，他看见大家用通行的竹木简刻字记事，既不方便，携带也很笨重，而用绢帛为书写材料又太贵重，于是他开始思索如何能制造出一种取材广泛、经济实用的纸张这一问题。

有一天，蔡伦看见有人用丝絮写字，很受启发。他想丝絮既然能造纸，其他的植物纤维不也一样可以用于造纸吗？如果真的能造纸，那用纤维纸书写的方法就可以被广泛地应用了。

于是蔡伦带领工匠们用树皮、麻头、破布、破渔网做原料，把它们切断、剪碎或捣碎，放在水里浸渍一段时间，再把它们捣成糨糊状，然后把这些糊状物放在席子或木板上摊成薄片，放在太阳底下晒干，这就是造纸的原始方法。晒干后一张一张掀下来就是纸了。这种纤维纸体轻质薄而适于书写，初试书写，就受到了人们的欢迎。

105年，蔡伦把这个重大发现报告给汉和帝，受到汉和帝的称赞，被封为龙亭侯。因此，人们也就把他发明的这种植物纤维纸称为"蔡侯纸"了。

植物纤维纸的发明和应用是人类造纸术发展史上的一件大事，它标志着纸张开始取代竹帛的关键性转折。从此以后，纸张逐渐从狭小的宫廷推广到广袤的社会。

当中国已普遍推广蔡伦的造纸方法时，欧洲人还在使用价格昂贵的"羊皮纸"。1400年后，欧洲人才会造纸，而且是跟阿拉伯人掳去的中国造纸工匠学会的。

◎故事感悟

蔡伦成功地革新造纸术，与他深入实际、善于观察、勤于求索、勇于实践的行为是分不开的。有时一个创造发明的出现其实很简单，在日常生活中一个小问题可能会给我们很大的启发，由此可能会让我们创造出奇迹来。陶行知先生曾说过："发明千万万，起点是一问。"善于发现问题是创新的火花，因此在生活中，我们应该勤于发现问题，培养创造性思维。

◎史海撷英

蔡伦的宦官生涯

永乐十八年（75年）蔡伦被选入洛阳官内为太监，当时他约15岁。他读书识字，成绩优异，于建初元年（76年）任小黄门（宦官中职务较低者）。此后作黄门侍郎，掌管宫内外公事传达及引导诸王朝见、安排就座等事。

正宫窦太后无子，指使蔡伦诬陷章帝妃宋贵人"挟邪媚道"，通令她自杀。宋贵人所生太子刘庆被贬为清河王。窦后又指使人投"飞书"（匿名信）诬陷章帝妃梁贵人，强夺其子刘肇为养子并立为太子。章帝于公元88年卒，10岁的刘肇登基，为和帝，由窦太后听政。蔡伦因功被提拔为中常侍，随侍幼帝左右，参与国家机密大事，秩俸2000石，地位与九卿等同。中国历史上宦官干预国政也正由此开始。

永平九年（97年），窦太后卒，和帝亲政。永元十四年（102年）和帝立邓绥为皇后，蔡伦立即投靠邓皇后。邓绥喜欢舞文弄墨，蔡伦为投其所好，甘心屈尊兼任尚方令，主管宫内御用器物和宫廷御用手工作坊。在此期间，他总结西汉以来造纸经验，改进造纸工艺，造纸术也因此而得到推广。同年，和帝卒，邓后所生百日婴儿即位，不到二年又卒。邓后再立13岁皇侄刘祜（94—125年）嗣位，为安帝。刘祜是清河王刘庆之子，但由于他即位初期仍由邓太后把持朝政，蔡伦继续受到重用，被封为"龙亭侯"（封地在今陕西洋县），从此进入贵族行列。由他监制的纸被称为"蔡侯纸"。

约于元初五至六年（118—119年）蔡伦又被提升为长乐太仆，相当于大千秋，成为邓太后的首席近侍官，受到满朝文武的奉承。正当他权位处于顶峰之际，建光元年（121年）邓太后卒，安帝亲政。蔡伦因为当初受窦后指使参与迫害安帝皇

祖母宋贵人致死、剥夺皇父刘庆的皇位继承权而被审讯查办。蔡伦自知死罪难免，于是自尽而亡。蔡伦一生在内廷为官，先后侍奉四个幼帝，投靠两个皇后，节节上升，身居列侯，位尊九卿，却以惨死告终。但他在兼管尚方时，推动了手工业工艺的发展，被称为东汉时期的科学家，因而留名后世，得到史学家的首肯。

◎文苑拾萃

蔡伦墓祠

　　蔡伦墓祠位于陕西省汉中市东八千米的龙亭镇龙亭村。祠内古柏参天，殿宇栉比，碑石林立，风景秀丽而幽静，我国古代四大发明之一——造纸术的发明者蔡伦就长眠在这里。墓祠分为南北两部分，墓区居北，墓冢高约7米，长30米，宽17米。

　　墓园原占地25亩，现为6亩，园内有建筑设施13处。花木葱郁，古柏参天，碑石林立，青竹吐翠，丹桂飘香，殿宇古朴典雅，塑像彩画栩栩如生。其南为祠，祠的中轴线上由南而北依次为山门、拜殿、献殿，正殿大门上高悬有唐代德宗皇帝的御书"蔡侯祠"匾额。殿中有蔡伦塑像。右侧壁上绘有"蔡伦纸"制作工艺流程图，左侧壁上绘有蔡伦于114年封为龙亭侯的谢恩图壁画。在蔡伦祠中轴线两侧还有钟楼、鼓楼、厢房、戏楼等古建筑和近代书法名家于佑仁为蔡伦墓祠所题草书真迹。

贾思勰研究农业

◎作之不止，可以胜天；止之不作，犹如画地。——杨梦衮

贾思勰，生卒年不详，益都（今属今山东省寿光市西南）人，生活于北魏末期和东魏（公元6世纪），曾经做过高阳郡（今山东临淄）太守。是中国古代杰出的农学家。

贾思勰生活在北魏政权由兴盛转入衰亡的时代，曾在北魏王朝做官，任高阳（治今山东淄博市临淄西北）太守。他亲眼看到北魏孝文帝改革，北魏政权比较稳定和社会经济比较繁荣的景象，也亲身经历了北魏政权的衰落，并为北魏的没落深感担忧。他读了许多儒家经典，继承了儒家学说中有关治道的合理因素，他认为先贤所讲的"民为贵，君为轻"，"仓廪实而知礼节，衣食足而知荣辱"并非虚言，要想使政权稳固，社会安定，必须发展农业生产，使百姓丰衣足食，安居乐业，否则将会产生难以预料的隐患。

在为官期间，他引证历史经验，多次建议北魏政府向历史上提倡劝课农桑，对农业生产做出贡献的人物学习，注意发展农业生产，做好"安民"工作，以稳定和巩固封建政权。他认为要搞好农业生产，必须对以往的农业生产加以认真地总结，从而指导农业生产。为了对以往农业生产经验进行很好的总结，他做了大量的扎扎实实的工作。

首先，贾思勰对《氾胜之书》、《四民月令》等大量的前人农学著作进行反复的钻研。对于前人的经验，他不采取轻信的态度，而是要"验之行事"，在实际生产中去检验，在实际调查中去修正、补充。他广泛地考察了今河南、

河北、山东等地的农业生产实际，像古时候朝廷派到民间采风的官吏一样，把各地及沿途中所听所传闻的有关农业生产的歌谣、农谚搜集起来，虚心地向那些长期从事农业生产的老农夫询问求教，日积月累，不仅掌握了丰富的第一手资料，还对先代农学家的经验给以一定的修正和有力补充。贾思勰也曾从事过农业生产，在生产中也积累了一些经验，这些都为写作一部总结性的新农术提供了可靠的资料来源。经过辛勤的努力，他终于撰成了《齐民要术》这部农书。

《齐民要术》一书，所征引的书籍达一百五六十种，共十卷九十二篇。内容包括土壤整治、肥料施用、精耕细作、防旱保墒、选种育种、粮食与蔬菜作物栽培、果树培植和嫁接、畜禽饲料和畜禽医治、食品加工和储藏以及野生植物利用等等，充分反映了当时我国北方农村生活状况和社会经济状况，为中国古代不朽的农业科学巨著。

在农学思想上，贾思勰的一系列见解也对以后的农业生产产生了深刻的影响。从农业典籍和生产经验的搜集、整理和研究中，贾思勰认识到，气候有一年四季的变化，土壤也有温、寒、燥、湿、肥、瘠的区别，农作物的生活和生长既有其自身的规律，又因时因地而各有所宜。要获得农业生产的好收成，就必须了解农作物的生活规律和所需生活条件，顺应农作物的生长要求。他继承了中国农学注重天时、地利和人力三大要素的思想，特别强调农业生产的基本原则："顺天时，量地利，则用力少而成功多。任情返道，劳而无获。"要求人们掌握农作物的生活和生长规律，依据天时、地利的具体特点，合理使用人力。否则，违背客观规律，将造成"劳而无获"的结果。这一基本思想贯穿于《齐民要术》全书始终。

但是，贾思勰并没有要人们仅仅被动地去顺应天时、地利，他对人力的作用非常重视，要人们在掌握农作物生长和天时、地利关系的同时，能主动地利用"地利"，创造农作物的最佳生活环境，并采取各种促进农作物生长的经营管理措施，以求获取更好的收成。在经营田地时，他要求根据人力情况，合理安排。在《齐民要术》各篇中，贾思勰都着意地介绍和评述如何合理利用人力、物力，搞好经济管理的重要性。这种把天时、地利、人力有机地结合起来，强调因时制宜、因地制宜、精耕细作、合理经营的思想，对中国古代农业生产产生了深刻的影响。

◎故事感悟

《齐民要术》顾名思义，就是农民种地所使用的各种必要的方法。贾思勰能把政治问题、社会问题同经济问题，具体地说是农业生产问题，联系起来加以考察，并能对农业生产经验进行专门探索，他的思想可谓博大精深。这种贯穿古今综合各类的探索方法为后人进行科学研究和探索提供了宝贵的经验。

◎史海撷英

北魏的崛起

鲜卑族拓跋部，原来居住于今黑龙江、嫩江流域大兴安岭附近，过着游牧生活。东汉以前，北匈奴被打败西迁后，拓跋部在酋长拓跋诘芬的率领下，也逐步向西迁移，进入原来北匈奴驻地，即漠北地区。到酋长拓跋力微时期，拓跋部又南下游牧于云中（今内蒙古托克托）一带，后又迁居到盛乐（今内蒙古和林格尔），与曹魏、西晋发生往来。但这时，拓跋部仍处于氏族部落联盟阶段。338年，首领什翼犍建立代政权，都于盛乐（今内蒙古和林格尔），逐渐强大起来。

◎文苑拾萃

《齐民要术》

《齐民要术》全书共92篇，分成10卷，正文大约7万字，注释4万多字，共11万多字；此外，书前还有《自序》和《杂说》各一篇。引用前人著作有150多种，记载的农谚有30多条。全书介绍了农作物、蔬菜和果树的栽培方法，各种经济林木的生产，野生植物的利用，家畜、家禽、鱼、蚕的饲养和疾病的防治，以及农、副、畜产品的加工、酿造和食品加工，以至文具、日用品的生产等等，几乎对所有农业生产活动都作了比较详细的论述，在农学方面具有重大意义。

沈括潜心钻研科学

沈括（1031—1095年），北宋科学家、改革家。晚年以平生见闻，在镇江梦溪园撰写了笔记体巨著《梦溪笔谈》。是一位非常博学多才、成就显著的科学家，我国历史上最卓越的科学家之一。精通天文、数学、物理学、化学、地质学，气象学、地理学、农学和医学；他还是卓越的工程师、出色的外交家。

沈括是中国乃至世界古代史上少有的多才多艺的政治活动家和杰出的科学家。

沈括的母亲精通文理，沈括从小就跟母亲刻苦学习，阅读了大量的古代典籍，但他并不迷信书本，善于独立思考，常常以自己的见闻去检验书本上记载的东西。书上讲错了，他就大胆怀疑，不管书的作者是圣贤之辈，还是什么别的权威。东汉时的大经学家郑玄在为一本经书作注时，把"车渠"解释为"车轮的外圈"。沈括在东海之滨看到有一种贝类动物，大的有簸箕那么大，当地的人们称之为"车渠"。因此，他断定郑玄的注释是错误的。

在读书和实践的过程中，沈括善于独立思考，并且不时地提出自己的主张和见解。为了弄懂一门科学，他往往要花费几年十几年，甚至几十年的时间。他考中进士不久，就开始自学天文、历法，后来主持司天监的工作，更加刻苦地进行天文观测。他主持司天监工作时间，力主在实测日、月、五星行度的基础上改进历法。他亲自推荐和积极支持精于历术的淮南人卫朴进行改历工作，于1704年修成了奉元历。

　　沈括对五星运行的轨迹和陨石坠落时的情景，也均作过翔实而生动的描述，这是他进行认真仔细观察的结果。为测验北极星与天北极的真切距离，他亲自设计了能使极星保持视场之内的窥管，并用它连续进行了三个月的观测，每夜观测三次，一共画了两百多个观测图，进而得到了当时的极星"离天极三度有余"的结论。

　　沈括对晷漏进行了长达十余年的观测和研究，获得了超越前人的见解，如他第一次从理论上推导出冬至日昼夜一天的长度"百刻而有余"，夏至日昼夜一天的长度"不及百刻"的重要结果。沈括坚持了"月本无光"、"日耀之乃光耳"的科学认识，并用一个圆球将其一半用粉涂抹，侧视的时候，有粉无粉的分界处呈现出钩一样的形状；正视的时候，就呈圆卷状，形象地演示了月亮盈亏的现象。

　　沈括十分重视观测手段的改进，熙宁七年（1074年）七月，他向朝廷进呈了自己研制的浑仪、浮漏、影表三种仪器，分别为对测量天体位置、时间与日影长短的三种天文仪器，并提出了经过深思熟虑的改进意见和设计方案，对于观测精度的提高大有裨益。

　　针对传统的阴阳合历在历日安排上的缺欠，沈括大胆地提出了自己的建议，他主张使用与农业生产关系密切的十二气历，即以十二节气为一年，以立春为一年之始，大尽31日，小尽30日，一大一小相间，即使有两个小月相连，一年里只有一次。这样就可以做到"年年齐尽，永无闰余"，而把传统的月相变化的内容仅作为历注书名。沈括这一建议既简便又科学，比起现行的公历——格列高利历还要合理。

　　沈括的建议在当时未被采用，反而招致了一些人的不同寻常的责骂，但他相信在以后的岁月里会有采用他的建议那一天的。果真在其后八百多年，英国气象局的确使用了与十二气历十分相似的萧伯纳历，用于农业气候的统计。

　　在数学方面，沈括的研究课题有"隙积术"和"会圆术"等。"隙积术"是求解垛积的问题，这属于高阶等差级数求和问题。对此，沈括创立了一个正确的求解公式，并开辟了一个数学研究的新方向。"会圆术"是一个已知弓形的圆径和矢高求弧长的问题，沈括推导求得弓形弧长的近式公式，元代王

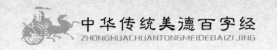
恂、郭守敬等人授时历中的"弧矢割圆术"就利用了这个公式。

沈括在物理方面的成就也很多。在对于磁学的研究上，他对指南针四种装置的明确记述和所进行的优劣比较，说明他是亲自进行一番观察和实验的。他发现磁针"常微偏东，不全南也"的现象，是关于磁偏角的最早记载，比西欧的记录要早四百年左右。

沈括还曾认真地作过凹面镜成像的实验，得到了较《墨经》前进一步的结果。对于中国古代光学杰作透光镜，沈括也进行了细心观察和研究。沈括以铸镜时冷却速度不同来解释，虽然不一定符合历史事实，但他探究的精神是值得称道的。沈括又曾作过用纸人进行共振现象的实验。他剪一个小纸人，放在基音弦线上，拨动相应的泛音弦线，纸人就跳动，弹别的弦线，纸人则不动。这个实验比欧洲人所做的类似实验要早好几个世纪。

在地学方面，沈括也有独到的探索和研究，做出了不少贡献。1074年4月，沈括到浙东地区察访，看到"峭峻险怪、上耸千尺、穹崖巨谷"的雁荡山诸峰的地貌景观，明确地提出了流水侵蚀作用的自然成因说。他还认为，我国西部黄土地区"立土动及百尺，迥然耸立"的地貌特征，也是同一原因造成的，为这两个不同地区的地貌情况提供了科学的说明。

同年秋，沈括到河北察访，发现太行山麓之间，往往衔有螺蚌壳以及圆滑如鸡蛋的石头，横亘的石壁像带子一样绵延整齐，他就说："这是从前的海滨。"他进一步提出华北平原是由于泥沙的淤积而造成的，这些都是沈括独到的见解。

1076年，沈括接受了编制《守令图》的任务。当时，他因受诬被贬，住在湖北随县的一所庙里。在三年的时间里，寒冷、潮湿和寂寞都没有使他屈服，他不断修补没有画完的地图。后来遇赦，移居浙江，他在途中实地考察了湖北、江西两省的部分地区，获得了修补地图的第一手资料，改正了旧地图上的错误。1087年，他终于完成了由20幅地图组成的地图集，其中最大的一幅高一丈二尺，宽一丈，图幅之大，内容之详，在历史上是罕见的。

沈括一生大部分时间在朝廷为官，但实质上是一生为科学事业而忘我地探索着、奔波着。他58岁退出官场，但仍继续着始终为之奋斗的事业。他隐居在润州丹德县的梦溪园，砥砺斗志，奋笔疾书，经过八年的努力，将自己一生所见所闻及研究心得以笔记文学的体裁写成了《梦溪笔谈》这部内容涉及天文、数学、物理、化学、生物、地质、地理、气象、医学、工程技术、文学、史学、音乐和美术的著作。其中自然科学部分，总结了我国古代，特别是北宋时期的自然科学成就，详细地记载了古代劳动者在科学技术方面的贡献，是世界科技史上的一份宝贵遗产。沈括那种勇于求索、敢于超越前人的攻坚精神也是人类的一份珍贵财富。

◎故事感悟

沈括一生为科学事业而忘我探索，以笔记文学的体裁写成《梦溪笔谈》，这是中华民族对世界的伟大贡献。这本书的博大精深也大长了中国人的志气，给我们今日的发展提供了精神力量。

◎史海撷英

庆历和议

康定元年（1040年）至庆历二年（1042年）间，西夏连续对宋发动了三次大规模的战事，宋朝每次都遭到惨败。西夏虽屡胜，但掳掠所获财物与先前依照和约及通过榷场贸易所得物资相比，实在是得不偿失。庆历四年（1044年），宋朝与西夏最后达成协议。和约规定：夏取消帝号，名义上向宋称臣；宋夏战争中双方所掳掠的将校、士兵、民户不再归还对方；从此以后，如双方边境之民逃往对方领土，都不能派兵追击，双方互相归还逃人；双方在本国领土上可以自由建立城堡；宋朝每年赐给西夏银5万两（旧制，下同），绢13万匹，茶2万斤；另外，每年还在各种节日赐给西夏银2.2万两，绢2.3万匹，茶1万斤。

庆历和议达成后，李元昊多次派遣使者到宋朝，请求宋朝开放边境地区的互市。庆历五年，宋朝政府决定在保安军（今陕西志丹）和镇戎军（今宁夏固原）的安平皆设置两处榷场，恢复了双方的贸易往来。

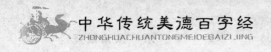

◎文苑拾萃

《梦溪笔谈》

《梦溪笔谈》详细记载了我国古代劳动人民在科学技术方面的研究成果，反映了我国古代特别是北宋时期自然科学达到的辉煌成就。《梦溪笔谈》包括《笔谈》、《补笔谈》、《续笔谈》三部分。《笔谈》26卷，分为17门，依次为故事、辩证、乐津、象数、人事、官政、机智、艺文、书画、技艺、器用、神奇、异事、谬误、讥谑、杂志、药议。《补笔谈》三卷，包括上述内容中11门。《续笔谈》一卷，不分门。全书共609条（不同版本稍有出入），内容涉及天文、历法、气象、地质、地理、物理、化学、生物、农业、水利、建筑、医药、历史、文学、艺术、人事、军事、法津等诸多领域。在这些条目中，属于人文科学，例如人类学、考古学、语言学、音乐等方面的，约占全部条目的18%；属于自然科学方面的，约占总数的36%，其余的则为人事资料、军事、法津及杂闻逸事等约占全书的46%。

王惟一攻求针灸学

◎天下无不好谀之人，故谄之术不穷；世间尽是善毁之辈，故谗之路难塞。——陆绍珩

王惟一（987—1067年），名王惟德，北宋医家。宋仁宗（赵祯）时当过尚药御，对针灸学很有研究，集宋以前针灸学之大成，著有《铜人腧穴针灸图经》一书，奉旨铸造针灸铜人两座。为我国著名针灸学家之一。

王惟一是北宋著名的医学家，历任仁宗和英宗两朝的医官。他勤奋好学，勇于探索，获得了针灸方面的精湛技术。他不仅精通古时候的医学理论，而且还注重实践，取得了丰富的实践经验，为统一、普及和发展针灸学做出了杰出的贡献。

针灸学有着悠久的历史，是中国人民在长期与疾病作斗争的实践中逐步创立和发展起来的。针灸术大约起源于人类发现并使用火的石器时代，后经过历代医学家的总结和发展，成为有系统的学说，于是，便形成了中国医学宝库中的一个重要成分——针灸学。

隋唐以前的针灸书，到宋代时不少已经失传了，当时流传的一些针灸图书也多是经过辗转传抄留下的，以致经络腧穴部位有许多不清楚的地方，甚至有相当的错乱之处。当时，有许多医家小心翼翼地按着图书去给人治病，不仅没有治好病人的病，反倒使病人受害，这些事例使许多医家迷惑不解，甚至感到格外震惊。王惟一自己也犯过这样的错误，曾经把一个病人治死了。对此，王惟一为失却医家天职深感内疚，他不断反省和琢磨自己致误的根由，

终于发现，致误的原因并非自己粗心大意，而是先代流传下来的针灸图书错乱导致。他决心下一番工夫，把先代的针灸图书进行一次统一的整理，把错乱之处校正过来。

他参考了中国最早的医书《黄帝内经》中有关针灸的内容，并且根据晋代皇甫谧所著的中国最早的针灸学专著《针灸甲乙经》，对照了许多"明堂图"一类的书，结合自己长期的临床实践经验，进行综合细致的分析。有时为了验证一下经络穴位，便顾不得痛苦乃至危险，在自己身上做实验。有一次，由于扎错了位，他昏厥了好几天。可好了以后，他仍然一如既往，用自己的身体和性命来换取知识的准确。

经过十几年艰苦不懈的努力，王惟一终于著成了《铜人腧穴针灸图经》三卷，将原来针灸图书中迷信不实的地方去掉，改正了错漏之处，使针灸图书臻于正确完善。全书共记载穴位名354个，按着所附铜人图谱的解剖位置，12经络、督脉、任脉等经络走行的径路，依次叙述各孔穴的位置，注明了各穴位的相距尺度，详细地讨论了针灸各穴位的主要作用和针刺的深度，从而校正了经络的走行，明确地固定了孔穴的位置及腧穴的主治作用。全书一方面继承了古代针灸著作的经络体系，另一方面又便于临床取穴和治疗与研究，可以说是集宋以前针灸学之大成，起到了承先启后的作用，不仅是当时医学和临床者必读之书，也是后人继承、学习传统针灸学的宝贵资料。

王惟一认识到，针灸医术是千百年来笔传口授流传下来的，颇为珍贵，要普及发展这门医术，单靠图谱书籍是不够的，也不准确，还容易导致失误，于是，他设计了立体铜人模型，和工匠一起铸造了两座针灸铜人。这种把平面图谱改为立体模型的传授方法，在当时来说无异是一种创举。

◎故事感悟

济世救人，是医家的神圣天职，王惟一正是执著地遵守这种天职，不断思考和探索，取得了卓越的成就。王惟一为中国医学所做出的贡献将永远在历史的长河中闪烁光芒。

◎史海撷英

针灸铜人起源

王惟一曾任翰林医官院医官、尚药局奉御，他对古医书中之有关针灸理论、技术、明堂图经等都有深入研究。奉旨后，他又进一步对人体解剖、穴位、经络走行、针灸主治等进行细致研究，撰成《铜人腧穴针灸图经》三卷。宋仁宗看后认为书中论述虽然精辟，但学习的人执行起来可能还是会有偏差，于是继续下令王惟一制作针灸铜人模型，以便更感性化地认知针灸理论。

1027年，王惟一制成了两个铜人。这两个针灸铜人，高度跟成年男子一般，外壳可以拆卸，胸腹腔也能够打开，可以看见腹腔内的五脏六腑，位置、形态、大小比例都基本准确，在铜人身体表面刻着人体十四条经络循行路线，各条经络之穴位名称都详细标注，都严格按照人体的实际比例。两个铜人铸成后，一个放在翰林医官院保存，一个放在大相国寺仁济殿中。针灸铜人的制成，使经穴教学更为标准化、形象化、直观化，很快针灸铜人就成为针灸教学的模型，对于指导太医局里的学生学习针灸经络穴位非常实用。

有了针灸铜人，学生在进行针灸考试时，通过针灸铜人进行实际操作的考查，也能使学生的学习水平得到更真实的体现。铜人扎针灸考试的方法非常科学，考试前会将铜人的表面涂上蜡，用来遮盖铜人上刻的穴位、经络说明，穴位上的针孔也被黄蜡堵塞，铜人体腔内还要注入水银或水。学生考试时，根据考官的出题，用针扎向铜人的穴位。如果针刺的部位不准确，针就不能扎进铜人体内；如果取穴正确，正好扎在被堵上的铜人穴位点，那么针很快就能刺进去，并刺到体腔内。这样拔针之后，水银或水就会从针孔中射出。学生对于穴位掌握得是否准确，可以非常明显地考查出来，而且标准统一，对于针灸教学是一个极大的促进。

◎文苑拾萃

《针灸甲乙经》

《针灸甲乙经》是中国针灸学专著，原名《黄帝三部针灸甲乙经》，简称《甲

乙经》，晋皇甫谧（215—282 年）编撰于魏甘露四年（259 年），共 10 卷，南北朝时期改为 12 卷本。

该书集《素问》、《针经》（即《灵枢》古名）与《明堂孔穴针灸治要》三书中之有关针灸学内容等分类合编而成。原书根据天干编次，内容主要论述医学之理论和针灸之方法技术，故命名为《针灸甲乙经》。

皇甫谧本是一位史学家，年近 50 岁时，因患关节炎，加之耳聋，开始钻研针灸医术，学习上述三书，并将其中"事类相从，删其浮辞，除其重复，论其精要"而成书。人称其"习览经方，手不辍卷，遂尽其妙"，或誉之为"晋朝高秀，洞明医术"，可知其因病习医针灸而成功者。首先，《针灸甲乙经》在中国独具特色的针灸疗法的发展中，发挥了承先启后、继注开来的重大作用。在此期间，中医学典籍《素问》、《灵枢》等虽有关于针灸学理论与技术的阐述，也有若干专门论述针灸经络的小册子，然而或已散落残佚，或只散见而不成系统，《针灸甲乙经》正是在这样的历史背景下对针灸经络、腧穴、主治等从理论到临床进行了比较全面系统的整理研究而成书的。

郭守敬一生求索

◎虽咫尺以进，往而不辍，则山泽可越焉。——葛洪

郭守敬（1231—1316年），中国元朝的天文学家、数学家、水利专家和仪器制造专家。字若思，顺德邢台（今河北邢台）人。曾担任都水监，负责修治元大都至通州的运河。1276年修订新历法，经4年时间制订出《授时历》，通行360多年，是当时世界上最先进的一种历法。

郭守敬是元代杰出的科学家，一生研究出大量的科学成果，在中国乃至世界科学史上占有重要位置。

郭守敬从小刻苦学习，遇事善于思索，勤于实践。在他十五六岁时，他得到了一份古人用仪器观测到的日月星辰景象的"璇玑图"，他被吸引住了。他不但认真地阅读了这份图，还亲自动手用竹篾制造了一台浑天仪，修了一个安放这个浑天仪的土台，直接观测天空星辰的位置。

后来，郭守敬以其才学得到了元朝统治者的重用，负责仪器制造和天文观测。首先，他和王恂等人亲自主持了编订新历的工作。经过多年辛勤努力，1280年新历告成，被定名为"授时历"，并于次年正式颁行。郭守敬在负责仪器制造过程中，对旧的天文仪器逐一进行检查，并与工匠配合，研制成了十多种天文仪器，其中有许多仪器在当时世界都是居领先地位的。

圭表测影技术，在当时有了明显的进步。为了克服表端的影I—B1日光散射而模糊不清的问题，郭守敬创用了4丈高表，为传统8尺圭表的5倍。自北宋起，制造的浑仪特别多，为了测量各种不同坐标值的需要，浑仪上增设了

越来越多的环，其固定的装置有地平、子午、天常等环，能够旋转的环有白道、赤道、黄道环等，以致八九个圆环遮掩了很大的天区，使用起来很不方便。并且这样多的环放在一个共同的中心上，校正起来也很困难。北宋的沈括取消了白道圈。郭守敬借鉴了沈括的做法，在沈括的基础上，又取消了黄道圈，并创造性地设计和制造了著名的简仪。简仪改变了测量三种不同坐标的圆环集中装置的方法。把它分解为两个独立的装置（即赤道装置和地平装置），从而简化了仪器结构，保留了四游、百刻、赤道、地平四环，增加了立运环。这样，除了北天极附近的天区外，对绝大部分天区，一览无余。郭守敬又在窥衡两端圆孔中央各置一线，增加了观测的准确性。

为了观测赤经差，他又在赤道环面上安装了两条界衡，界衡两端用细线极轴与北端连接，这样测量的精确度又大大提高了。郭守敬还在赤道装置上放置一个候极仪，使候极仪轴线和极轴平行，可以随时校正赤道装置。他又用一个固定的地平环和一个直立可转的立运环以及窥衡构成的一个地平装置，这是中国天文仪器中第一次出现的一个独立的地平经纬仪结构，能同时测量地平经度和高度，当时称之为"立运仪"。

郭守敬是一位著名的天文仪器设计制造家。除了圭表、简仪、立运仪以外，著名的还有用于观测太阳位置的仰仪、可以自动报时的七宝灯漏、观测恒星位置以定时刻的垦睪定时仪以外及水运浑象仪、日月食仪、玲珑仪等。仰仪是根据和利用小孔成像原理，在一座仰放着的中空半球面仪器内用十字杆架着一块有小孔的板孔，位置正在半球面的中心。太阳光经过小孔，在球面上就形成太阳的倒像，从球面上刻的坐标网立刻可以读出太阳的位置和当地当时的真太阳时，而当日食时还可以观测日食的食分、各食象发生的时刻及日食时太阳所在的位置。对月亮和月食也能进行类似的观测。这块有小孔的可以转动的板称为璇玑板，它很可能就是用来检验交会的日月食仪。郭守敬的杰出创造，把我国古代天文仪器的制造推到了一个新高峰。

郭守敬还是一位著名的天文观测家。除了对恒星位置进行观测外，郭守敬还组织了一次空前规模的测地工作，在北京、太原、成都、雷州等27处设立了观测所，测量当地纬度，由南海到北海（15°~65°），从西沙群岛至北极圈附近，每隔10度设一观测台，测量夏至日日影长度和昼夜长短，观测站数比唐代多了一倍，获得了丰硕的成果。对于一系列天文常数也都进行了测量，如1280年冬至时刻的精密测定，测定当年冬至太阳位置，测定当年冬至月离近地点距离，测当年冬至月离黄白交点距离，测定28宿距星度数（精度比北宋时提高一倍），测定北京二十四节气日出日入时刻等等，也都取得了重要成果。

郭守敬还是一位政绩卓著的水利工程专家。他曾主持了若干重要的水利工程，如修复唐来、汉延等渠，增辟大都水源，修浚通惠运河等。其中唐来渠、汉延渠等都在黄河上游，唐来渠全长400里，汉延渠全长250里，及其他大小渠道，其溉田9万多顷，对西北地区的农业生产发挥了重大的作用。他在渠口设滚水坝又设若干退水闸，这是一套比较完善的闸坝设计方式。

郭守敬还在大都西北设计修筑了长30千米的白浮堰以解决通惠河的水源问题，并修建闸门和斗门若干座以维持通惠河的水位，从而保证了来往船只的通航。在这些水利工程活动中还充分表现出郭守敬也是一位杰出的地理学家。他的水利工程设计都是以他自己的实际地理勘测资料为基础的，他曾对今河南、山东一带黄河附近几百里的区域进行过细致的地形测量，绘制了多幅地图。他曾经亲自上溯黄河，考察河源。他还发明了以海平面为标准来比较大都和汴梁地行高下之差的方法。这是地理学中一个重要概念——"海拔"的始创。他在通惠河上游河道路线选择中所表现出来的对于地形测量的精确性至今还引起学者们的赞赏。

◎故事感悟

郭守敬一生不懈地钻研探索，取得了丰硕的科学成就。他在天文和水利等方面的研究中勇于实践，注重实测，大胆创新，对推动中国科学技术的发展做出了巨大的贡献。郭守敬一生不懈求索，以其重大的科学贡献为中华民族赢得了荣誉。

◎史海撷英

元朝行政制度

中书省元朝地方最高行政机构,并为一级政区名称,简称行省,或只称省。元置中书省总理全国政务,也称都省;因元朝幅员辽阔,除腹里地区直隶于中书省、西藏地区由宣政院管辖外,又于诸路重要都会设立十个行中书省,以分管各地区。在世祖、武宗朝三次短期设立尚书省主管政务期间,行中书省也相应改称行尚书省,元人称其制为:"都省握天下之机,十省分天下之治。"

◎文苑拾萃

《授时历》

《授时历》,为元朝至元十八年(1281年)实施的历法名,因元世祖忽必烈封赐而得名,原著及史书均称其为《授时历经》。其法以365.2425日为一岁,距近代观测值365.2422仅差26秒,精度与公历(指1582年罗马教皇格里高利十三世颁布实行的历法,称《格里高利历》,在中国称公历或阳历)相当,但比西方早采用了300多年。每月为29.530593日,以无中气之月为闰月。它正式废除了古代的上元积年,而截取近世任意一年为历元,打破了古代制历的习惯,是我国历法史上的第四次大改革。

明初颁行的"大统历"基本上就是"授时历",如把这两种历法看成一种,可以说是我国历史上施行最久的历法,达364年。《授时历》为元至元十三年(1276年)六月至至元十七年(1280年)二月间,许衡、王恂、郭守敬、杨恭懿等在东西6000余里,南北长1.1万里的广阔地带,建立了27个测验所,进行实测完成。

一书著成须发皆白

◎人生应该如蜡烛一样，从顶燃到底，一直都是光明的。——萧楚女

> 吕原（1418—1462年），字逢原，号介庵，秀水（今嘉兴）人。幼从父居景州，父亡，奉母回嘉兴。家贫，喜读书，博涉经史，擅文章。

　　吕原是个勤奋好学、至老不倦的人。他父兄早逝，甚至因家贫不能归葬。但他读书一直很勤奋，曾获得乡试第一名。

　　明正统七年中进士后，吕原在翰林院中接触到更多的书籍，每读一本书就要记下来，手录口诵，从早到晚接连不断。晚上回馆，一有空就要给他的学生读书讲史。学生们走了，没有多时屋内的读书声又传到院中，他常常睡一会儿就又起床继续读书。他所编修的《宋元通鉴续编》一书，义理十分精辟，有些是儒家的大师们未曾论述过的。

　　书成以后，吕原的须发皆白。他曾经为了一个问题考证尚不清楚，好几天从早到晚不高兴。考证一得出结论，他就非常兴奋，对他的学生说："给我的官阶升两级，也不如得到这个结论这样高兴。"吕原就是这样一个好学不倦的人。

◎故事感悟

　　吕原为编《宋元通鉴续编》一书，废寝忘食，耗费了巨大心血，故在书成之后须发皆白。由此可见吕原对于学术的追求、对于知识的探索是多么的用心。

◎史海撷英

正统时期

明英宗朱祁镇出生四个月即立为皇太子，母妃孙氏遂册为皇后。宣德十年（1435年）春正月，明宣宗驾崩，皇太子朱祁镇即位，以第二年（1436年）为正统元年。随着仁宣朝重臣"三杨"的相继去世与引退，加之后来宦官势力的急剧上升，正统朝的政治日趋腐败。太监王振即为宦官势力的代表人物。明英宗非常宠信王振，对他言听计从。王振也依仗皇帝的威严排除异己，树立朋党。

在漠北，当时的蒙古已经一分为二——瓦剌与鞑靼。两个部落互相征伐，到了英宗朝，瓦剌强大了起来，并不断骚扰明朝的北边。瓦剌部当时的实权掌握在太师也先的手里，他经常派人以向朝廷进贡为名，骗取赏赐。因为当时明朝对进贡国家的使者，无论贡品如何，总要有非常丰厚的赏赐，而且是按人头派发。也先也是看中了这一点，派出的使臣不断增加，最后竟加到3000多人。

王振对此忍无可忍，下令减少赏赐，也先以此为名对明朝发动战争。英宗年少气盛，想御驾亲征，王振也想耀武扬威，名留青史，于是极力撺掇英宗亲征。但是由于当时朝廷的主力都在外地作战，一时难以调回，因此朝中大臣都劝阻英宗不要亲征，但最后还是没有改变英宗的态度，英宗从京师附近临时拼凑了20万大军，浩浩荡荡开始亲征。由于连天大雨，加之粮饷接济不上，军队的士气非常低下。行到大同附近，看见被也先杀得尸横遍野明军的尸体，英宗和王振都动摇了，于是决定撤军。但是王振的老家在蔚州，离大同非常近，于是他决定大军绕道蔚州撤退。王振的提议立即遭到群臣们的反对，认为这样会耽误撤退的时机。但是王振哪里听得进去，加上英宗也希望给王振衣锦还乡的机会，于是大军开始朝蔚州方向移动。

这时王振又心血来潮，怕大军经过会踩坏家乡的庄稼，自己就会背上骂名，于是建议按原路撤军，就这样宝贵的时间被耽误了。当大军行到怀来附近时，由于辎重还没有赶到，于是王振下令原地驻扎等待。

就在怀来城外的土木堡，明军被也先军赶上，并包围。也先切断了明军的水源，明军被困死地。也先假意议和，趁明军不备，发动总攻。明军全军覆没，英宗被俘，王振被明将樊忠杀死，英国公张辅、兵部尚书邝野等大臣战死。这就是著名的土木堡之变。英宗也开始了他一年的北狩生活。

◎文苑拾萃

裕陵

位于天寿山西峰石门山南麓，是明朝第六位皇帝英宗朱祁镇和皇后钱氏、周氏的合葬陵寝。

裕陵始建于英宗去世后的天顺八年（1464年）二月二十九日，太监黄福、吴昱，抚宁伯朱永，工部尚书白圭，侍郎蒯祥、陆祥奉命督工，参加营建的军民工匠共达8万余人。陵园从营建到完成，仅用了近四个月的时间。天顺八年五月八日，奉英宗皇帝梓宫入葬；六月二十日，陵寝工程全部告竣。

《明宪宗实录》记载当时裕陵的规制为："金井宝山城池一座，照壁一座，明楼、花门楼各一座，俱三间，香殿一座五间，云龙五彩贴金朱红油石碑一，祭台一，烧纸炉二，神厨正房五，左右厢房六，宰牲亭一，墙门一，奉祀房三，门房三，神路五百三十八丈七尺，神宫监前堂五间，穿堂三间，后堂五间，左右厢房四座二十间，周围歇房并厨房八十六，门楼一，门房一，大小墙门二十，小房八，井一，神马房马房二十，砖石桥。周围包砌河岸沟渠三百八十八丈二尺，栽培松树二千六百八十四株。"裕陵的建筑曾于清乾隆五十至五十二年（1785—1787年）修缮，情况同献陵。民国年间，祾恩殿在战乱中被拆毁，祾恩门则于1917年被焚。现该陵殿门均成遗址，其余建筑保存尚好。

王夫之隐居著述

◎士不可不弘毅，任重而道远。——《论语》

> 王夫之(1619—1692年)，字而农，号涢斋，别号一壶道人，湖南衡阳人。晚年居衡阳之石船山，世称"船山先生"。明末清初杰出的思想家、哲学家，与方以智、顾炎武、黄宗羲同称明末四大学者。王夫之学问渊博，对天文、历法、数学、地理学等均有研究，尤精于经学、史学、文学。主要著作有《周易外传》《周易内传》《尚书引义》《张子正蒙注》等。

王夫之年少时聪颖过人，才华出众。他4岁时就跟从长兄王介之读书，7岁时读完了《十三经》，14岁时考中了秀才，16岁时开始学习诗文，阅览的古今诗文不下10万首。少年时的王夫之就开始留心政务，喜欢向人们询问各个地方的事情，像那些山川险要、物质生产、典章制度的沿革等方面的问题，他都会认真地钻研。

王夫之年轻时曾考过举人。张献忠的农民军经过湖南时邀他参加，被他拒绝。清军攻入湖南，他举兵反清，失败后在南明桂王政权中任过小吏，南明政权的腐败使他触目惊心。顺治九年（1653年），他逃到湖南西部的耶姜山，开始了他屏迹幽居的生活。在这动荡的历史时期，这种屏迹幽居的生活也很难长久。

顺治十年（1654年），清廷恢复在湖南的统治，下令"薙发"，让汉人保持和清人一样的发式。王夫之拒绝"薙发"，他改换姓名，变易衣着，浪迹于荒山野岭之间。在极其艰苦的条件下，王夫之仍然坚持著述，先后完成了《老子衍》、《黄书》等著作。

顺治十四年（1658年），王夫之返回家乡的"续梦庵"。次年秋天，完成了《家世节录》，这时王夫之已经40岁了。

顺治十八年（1662年），南明政权覆灭。悲痛之余，王夫之感到大势所趋，匡复明朝的愿望已成泡影，便痛下决心，隐居著述，不再以为抗清而南北奔波为要，他要对汉民族自取败辱的教训作出理论总结。在此后几年中，王夫之先后完成《尚书引义》、《读四书大全说》、《春秋家说》、《春秋世论》等反映其哲学、政治思想的重要著作。

康熙十四年（1675年），王夫之迁居到石船山下，建造了一个茅草房，居住下来，他称之为"湘西草堂"。在这里，王夫之度过了余生十七个年头。他十七年如一日，发愤著述。故国灭亡的灾难和痛苦在时时地折磨着他，总结亡国灭家历史教训的责任感和使命感在催促着他。他每天天未明就起来读书写作，一直干到深夜。白天热了，他就打开窗子；夜晚昏暗，他就伴着孤灯。他对《十三经》、《二十一史》以及张载、朱熹的遗书进行再三仔细地阅读和研究。有时饥寒交逼迫而来，死亡随时都可能降临到他的头上，但他毫不在意，仍然在克服生活困难的同时继续钻研。

到了暮年，王夫之体弱多病，磨墨、执笔都很困难，还常常把笔墨放在床榻旁边，竭力地去编纂、去注释说明，表现出炽热的爱国主义精神和顽强坚毅的治学意志。史学名著《读通鉴论》、《宋论》以及《楚辞通释》、《周易内传》、《诗广传》、《噩梦》、《张子正蒙注》、《庄子通》、《俟解》、《夕堂永日绪论》等重要著作都是在这一时期完成的。

康熙三十年（1691年），王夫之已73岁了，他患病很长时间，哮喘、咳嗽，但仍不停地阅读着。康熙三十一年（1692年）正月，王夫之病故于石船山下的湘西草堂。

王夫之的丰富著述，展示了他卓越而智慧的思索，散射出许多进步思想的光芒。清初三大思想家就唯物主义的彻底性而言，当首推王夫之。他总结了中国古代的哲学，是中国古代哲学的集大成者。他把中国古代朴素唯物主义发展到最高水平，不愧为中国古代杰出的唯物主义哲学家。首先，他继承和发展了张载的"太虚即气"的学说，明确地提出气是构成宇宙的物质本体。其次，他认为物质是可以转化的但却是不灭的，尖锐地批判了佛教和一切唯心主义者关于万物的生灭由心决定的思想。再次，他批判了宋明理学关于理气、道器关系的主张，提出了唯物主义的解释，认为理是依赖气而存在的客观规律，道是属于器的。

王夫之还发展了古代的对立统一的辩证思想，认为事物是矛盾双方对立的统一，矛盾的双方是互为存在的前提，互相依存而不可分。他还认为运动是宇宙的本性，是永恒的、绝对的。

王夫之在批判继承古代认识论的基础上，建立了朴素的唯物主义认识论体系。他认为客观事物是第一性的，人的认识是第二性的，认识必须符合客观事物。

王夫之的社会史观也有不少进步的因素。首先，他认为社会是发展的、进化的，反对泥古不化，反对"奉尧舜以镇压人心"。他称发展规律为理，称历史发展的总趋向为势。他认识到理势不能割裂，"势因理成"，"迨已成理，则自然成势"。这种"理势合一"的思想是对柳宗元"势"的思想的继承和发展。其次，他批判了宋明理学"去人欲，存天理"的唯心主义道德观，他认为人们的欲望要求是合乎天理的，"私欲之中，天理所寓"。他反对君主专制，要求政治改革，提出均田地以安天下的主张。

王夫之的治学思想和治学方法也是比较进步的，主张学与思兼用。他说"学非有碍于思，而学愈博则思愈远；思正有功于学，而思之困则学必勤"。

◎故事感悟

由于时代和阶级的局限，王夫之的唯物主义思想仍然有一定的局限性，其政治思想有明显的剥削阶级烙印。但是，他能刻苦发奋，隐居著述，站在时代的高度，对中国古代哲学进行一次系统的总结，提出了许多闪着理性光辉的见解，这是非常难得。他刻苦钻研的精神和毅力，于今仍值得我们学习。

◎史海撷英

清军入关

清军入关是指1644年（明崇祯十七年，清顺治元年，大顺永昌元年）中国东北以满族为主体的少数民族政权清的军队在吴三桂的带领下大举进入山海关内，攻占京师（今中国北京），开始成为统治全中国的中央政府——清朝的事件。广义上是指1644年清军入关后镇压农民军、消灭南明诸政权等汉族反抗武装的一系列统一中国的军事行动。这件事对中国产生了极为深远的影响，是中国历史的转折点之一。

◎文苑拾萃

《尚书引义》

中国明清之际思想家王夫之的重要哲学、政论著作。共6卷，凡50篇，篇间不相连属，各有独立论题。引申《古文尚书》中某些观点，借以发挥自己的思想。全书从哲学与政治的关系上总结历代兴亡的教训，着重对玄学、佛教和宋明道学唯心主义进行批判，较集中地阐述了唯物主义的认识理论。

书中通过研讨天与人、己与物、能与所、心与事、明与诚、格物与致知、知与行以及名实、文质等诸对范畴，试图说明认识运动中主体与客体、认识与实践、感性与理性、形式与内容等的矛盾关系，并提出"心有两端之用，而必合于一致"作为普遍的思维模式，蕴含着朴素的辩证逻辑思想。本书阐明了"因所以发能"、"能必副其所"，"行可兼知，而知不可兼行"等著名命题；既反对宿命论，又否定唯意志论，强调人的认识和实践的能动性。此外，历史观上关于"理"、"势"相成，"即民以见天"的观点，人性论上关于"习与性成"、"已成可革"的观点，均属王夫之的哲学创见。

王锡阐钻研天文历法

◎天下事有难易乎，为之，则难者亦易矣；不为，则
易者亦难矣。——彭端叔

> 王锡阐（1628—1682年），字寅旭，号晓庵，江苏吴江人。一生勤勉好学，经常观测天体，对中、西天文历算都有精湛的研究，是清代乃至中国古代史上杰出的天文学家。所著《晓庵新法》、《历说》和《五星行度解》等，为中国近代天文学和数学的发展做出了卓著贡献。

王锡阐自幼喜欢读书，对有关天文历算方面的内容尤其感兴趣。他不仅重视书本知识，而且也重视实践，从少年时代起，夜晚遇天气晴朗，就登上屋顶，仰着头，观察天象，有的时候竟一晚不睡。他总是把观察的结果记录下来，仔细推敲，认真比较。不论是酷暑严寒，还是身患疾病，他都没有停止过。

王锡阐生活的时代，正是西方传教士在中国传教趋于频繁时期。西方的传教士在传教的同时，把西方的科学技术知识也传到中国。王锡阐不仅对中国历法有独到的研究，而且对西方历法也进行了深入的钻研，并指出了西方历法的若干缺点和错误。如西方历法以为月亮在近地点时，视直径小，故食分大。

对此，王锡阐正确指出：视径大小，是人眼观察的结果，是因人而异的。食分大小，却应该根据实径。太阳的实径，不因地面观察点的高低而有所不同。地影实径，却因观测点的远近而有损益，最低之地影大，月入影深，食

分不得反小；最高之地影小，月入影浅，食分不得反大。又如，王锡阐指出，按小轮系统算月亮运动时，除了定朔、定望外，其他时刻都应加改正数，但西方历法却不用这一改正数，好像日、月食一定发生在定朔、定望，然而事实上只有月食食甚才是在定望。王锡阐更以交食的实测事实，证明西方历法并不完全准确，即他从实践和理论上都证明西方历法并非是完善的。

正是在对中、西历法都作了透彻研究的基础上，王锡阐编著了《晓庵新法》。全书共6卷，吸收了两者的优点，有所发明创造。他提出了日月食初亏和复圆方位角计算的新方法，依次计算1681年9月12日发生的日食，较其他方法都准确。他独立发明了计算金星、水星凌日的方法，还提出了细致的计算月掩行星和五星凌犯的初、终时刻的方法，都比中、西历法有所进步。

王锡阐之所以取得独步时代的天文学方面的成就，是和他刻苦钻研、注重实践、不断求索的学风密切相关的。他继承和发扬了中国古代天文学者"验天求合"的实践与理论相结合的优良传统，不以书本为据，而以实践为宗。

除此之外，也和他在学术交流上的态度有关。他对中、西之学均采取去粗取精、去伪存真的科学态度，既不盲从迷信，也不拒而远之。他主张排除中西方有别、尊华夏而卑西人的偏见，力求集众家之长而会通其内在原理，不要拘于名目故步自封，孤芳自赏，而应学习、判定，取其精华，去其糟粕。他说："数术是依理推导出来的，历法是依据天象制定出来的，无论中历、西历，在方法上都有可取之处，为什么一定要区别是东方的还是西方的呢？客观存在的道理应该昭明，为什么一定要区分新旧呢？"他反对盲目推崇西方历法，他说："西方历法中的论见，那些被今天的实测所检验所证明了的可以吸取。如认为是不可改易的，用它来指导实务，以求发展，是不可以的。""考证古法之误，而存其是，择取西说之长，而去其短"则成了他的研究工作的重要特色。

◎故事感悟

王锡阐是17世纪的科学家，在浓重的封建制度的氛围下，能如此看待古今

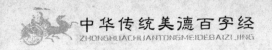
中外的文化科学知识，并真正做到了"古为今用，洋为中用"，无疑是超越时代的。他探索中西方科学的态度，在科技发达思想开化的今天，也是我们继承文化遗产和进行文化交流所应借鉴的。

◎史海撷英

多伦会盟

清朝康熙帝为调解喀尔喀蒙古各部之间的矛盾，加强北方边防及对喀尔喀蒙古的管理，于康熙三十年（1691年）在多伦诺尔（今多伦）与蒙古各部贵族进行会盟，史称"多伦会盟"。

◎文苑拾萃

同光体

近代学古诗派之一。"同光"指清代"同治"、"光绪"两个年号。光绪九年（1883年）至十二年间，郑孝胥、陈衍开始标榜此诗派之名，说是指"同、光以来诗人不墨守盛唐者"。但"同光体"的一些开派作者，在同治末年（1874年），沈曾植才年24岁，陈三立年23岁，陈衍年19岁，郑孝胥年15岁，都尚未成名，诗亦尚未能自成一体。保存在他们诗集里的作品，是光绪中期以后所写，陈三立诗集编年则始于光绪二十七年（1901年）。所以"同光体"之称，并非完全确切。

清代名医叶天士

◎不肯自弃暴，力欲争上游。——赵翼

> 叶天士（约1666—1745年），名桂，号香岩，又号上律老人。江苏吴县（今苏州）人。他聪颖过人，"闻言即解"、一点就通，加上勤奋好学、虚心求教，见解往往超过教他的先生，终于成为一代名医。

　　叶天士的祖父叶时，父亲叶朝采，都很擅长医学，尤其是他的祖父更是一位高明的儿科专家。叶天士14岁丧父，此后便跟从父亲的门人学医。由于他好学精思，聪明颖悟，常常听到一种见解就立刻理解，而且见解还在老师的见解之上，真是青出于蓝而胜于蓝。

　　尽管他的学习成绩优异，却从未产生骄傲自满的情绪，即使在独立行医的时候，他也仍然手不释卷，并坚持向一切内行的人学习。只要听说哪位医生有特殊专长，他就立即前往虚心求教，十年之内，曾就学于17位老师。他态度虔诚，彬彬有礼，被询访的医生都很感动，无不披肝沥胆，推心置腹，知无不言，言无不尽。叶天士敏而好学，于书无所不窥，又能博采百家之长，真正做到集思广益，这为他后来在医学上的高深造诣打下了坚实的基础。

　　叶天士具有勇于追求真理的精神，一旦发现自己错了，就毫不掩饰地予以纠正。有一次，他看到了徐灵胎（清代医家，与叶氏同时而稍晚）的一张处方，一面赞赏徐氏看病颇有心思，一面批评徐方缺乏医书的理论根据。后来他读了唐代医家王焘的《外台秘要》，发现徐方是从该书中化裁而来，便责怪自己读书不够，承认前次对徐氏的批评不对。他说："我从前认为徐灵胎开处方没有根据，谁知全出自《外台秘要》，可见学问无穷，读书不可轻视啊！"这种实事求是的科学态度是难得的。

叶天士骋誉医坛50年，死时已是八旬高龄。临终之前，他还语重心长地告诫了儿子一番，说："医可为而不可为，必天资聪悟，读万卷书，而后可以济世。不然，鲜有不杀人者，是以药饵为刀刃也。吾死，子孙慎勿轻言医。"这是他饱经沧桑之后的肺腑之言，也深刻地说明，医生绝不是可以随随便便当好的，必须竭尽聪明才智，长期不懈地努力学习，读书破万卷，并要在临床实践中不断总结经验，精益求精，才能做到妙手回春，化险为夷，否则临症茫茫，胡乱处方，势必成为用药物杀人的庸医。因此，他告诫子孙，千万不要轻易谈论医学。由此可以看出，他把医生的学习和专业知识的提高放在多么重要的地位，这些对我们今天仍有很好的启示意义。

叶天士兼通内、妇、儿及五官科，而以内科为主。他对儿科也很擅长，尤其善于治疗痧（麻疹）、痘、惊风、疳积等症，要言不烦，常常几句话就能道破某些儿科疾患的本质特征和施治诀窍。对此，徐灵胎赏叹不已地说："叶公断治疾患，和平精切，字字金玉，可法可传，得古人之真诠而融化之，不愧名家。"

在内科杂病的诊疗方面，叶天士精于切脉、望色、察看舌苔及验齿等，分析病情丝丝入扣，了如指掌。患者无不点头称是。叶天氏治病师古而不泥古，最善于化裁古方、创新方。往往将古方加减一二味，就能取效神速，做到迎刃而解，涣然冰释。叶氏十分重视识症、立法、用方，特别强调对症下药，坚决反对盲目地乱投药物。他曾经批评说："用寒性药还是用温性药，要视病而定，前人或偏重寒凉性的药，或偏重温性的药，后人学习而不加以识别，借温寒兼备之药侥幸治愈，凭中和之药来掩饰自己的无知，实在是要不得的。病有眼前之症，还会有变症，一定要胸有成竹之后，才可以施方治疗。"

叶天士的批评是切中当时医界时弊的。那些庸劣的医生们，平时不肯钻研专业技术，临症就诊毫无定见，既不能准确辨症，又分不清药物的性味功能，往往在同一个处方里，寒热温凉各种药都有，希望用这种大杂烩的方式来掩盖自己的拙劣。见施治不效，就今天改一次方，明天换一服药，这样瞎碰乱试，又怎能治好病呢？

叶天士处方用药总是反复琢磨，千锤百炼，一旦认准病症，就坚持使用拟定的方剂，绝不任意变更。到叶天士那里就医的，大多是别的医生没有治好的疑难病症，有些沉疴痼疾，往往需要几十服甚至上百服药才能治好。

有位多年身患疾病的患者到他那里就诊，叶天士给他开了处方，并且嘱咐说："服此百剂，终身不复发矣。"病人回家之后，服至80剂，病已霍然而愈，便自动停止服药。但过了一年以后，旧病复发，只好再次求诊于叶天士。叶氏感到非常诧异，经过询问，才知道是由于患者未遵医嘱，因而病根未除。于是决定让病人再服原方20剂，患者照数服完之后，那个缠绵多年的顽症果然不再复发了。像类似的例子很多，人们竞相传颂，众皆叹服其技艺之"神妙"。

叶天士还以擅长治疗时疫著称，对中医温病学的贡献很大，也是温病学说的奠基人之一。叶天士在继承吴又可温病学说的基础上，系统地总结了温病的辨证论治规律。他把温病分为卫、气、营、血四个阶段，表示病变由浅到深的发展过程，也是温病的辨证纲领。在处方用药方面，反对使用治伤寒的辛温药来治温病，而主张大量采用清热解毒的寒凉药物。这就使温病学说从基础理论到临床实践都有很大的发展。在他的倡导下，清代研究温病学的人与日俱增，如薛生白、章虚谷、吴鞠通、王孟英等，都在温病学上很有成就，形成了许多著名的温病学派。温病学说的确立，使许多垂危的瘟疫患者获得救治，弥补了单纯用治疗伤寒的方法对付一切外感病、传染病所造成的缺欠和损失，也为今日采用中西医结合的方法防治某些烈性传染病提供了宝贵经验。

◎故事感悟

叶天士以其实事求是的严谨态度和执著不怠的探索精神，为中国的医学事业做出了卓越贡献。所传《温热论》、《临症指南医案》、《叶案存真》等书，为中国的医学宝库注入了新的营养液。

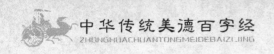

◎史海撷英

八旗制度

　　八旗制度是努尔哈赤在女真牛录制的基础上创立的一种兵民合一的制度，政治权力集中于王公贵族，重大决策由贵族共同讨论决定，是为满洲议政王大臣会议。后皇太极于天聪五年（1631年）仿明朝制度设立六部，试图逐渐削弱满洲贵族权力。皇帝试图实行中央集权的努力主要集中于清朝前期。

　　顺治七年（1650年），顺治皇帝对八旗制度进行改革，由自己亲自掌握正黄、镶黄、正白三旗，形成了"上三旗"和"下五旗"，改变了以前八旗由不同王公掌握的局面，同时加强上三旗的实力，满洲议政王大臣会议的权力有所削弱。

◎文苑拾萃

《温热论》

　　《温热论》，温病著作。叶天士述，相传系叶氏门人顾景文记录整理而成。《温热论》记录了叶氏对温热病论述的精华部分。重点分析温邪上受、首先犯肺、逆传心包的传变规律，温热病的病理和"在卫汗之可也，到气才可清气、入营犹可透热转气、入血直须凉血散血"的治疗原则，创立用卫分、气分、营分、血分四个层次作为辨证的根据。并指出温病的传变模式有顺传与逆传二种：顺传由卫而气而营而血，逐步传入；逆传由卫分直入营分。介绍温热病察舌、验齿和观察斑疹、白㾦的诊法等内容。此书对后世的影响很大。吴鞠通接受了叶天士《温热论》的学术思想和医疗成就才有可能产生《温病条辨》。其中的一些学术见解直到现在仍为临床医家所重视。

吴敬梓创作《儒林外史》

◎与其苟且立身，枉然出世一场，不若发奋为雄，卓然
自立，流芳百世之为愈也。——石成金《人事通》

吴敬梓（1701—1754年），字敏轩，一字文木，号粒民。清代小说家，安徽全
椒人。

　　吴敬梓出身名门望族，他从小刻苦读书，加上天资聪颖，年轻时便成了
知识渊博、才华出众的人物。

　　吴敬梓早年热衷科举，20岁时考中了秀才。后因科举不利及生活日益贫
困，加之他父亲因官场争斗含冤而死，使他对现实社会逐渐有了清醒的认识。
他开始窥见官场内部贪赃枉法、争权夺利、互相倾轧的丑恶现实，从此立志
终身不仕，横对流俗，笑傲公卿，对科举制度深恶痛绝。他广结三教九流人
物，为人豪爽旷达，把功名利禄视为粪土，遇到贫穷的人，就舍出自己仅有
的钱财救济他们，碰到达官贵人，他毫无卑躬屈膝之态，嬉笑怒骂，极尽锋
芒。人们看到他如此做法，百思不得其解，乡绅们都骂他是"怪人"、"疯子"、
"败家子"。其实，他比从前更富有理性，对社会和人生比从前认识得更清。
在这种理性的驱使下，他要狂放地展示自己叛逆的形象和精神，这种精神是
他创作《儒林外史》的思想基础。

　　吴敬梓33岁那年，驾着一叶扁舟离开了家乡全椒，移居南京。不久，成
了当时文坛的盟主。他交结了很多思想深邃、性情放达、文采耀人的朋友，
谈天论地、磋磨文学之中朋友们的真知灼见，为他的思想灌注了丰富的养液。

他思索着，他要用自己的心、用自己的笔去描绘人世间灰色的大幕，去勾勒儒林士大夫们千奇百怪的情状，并将它全面展示于人们眼前。

吴敬梓39岁时开始写作《儒林外史》。由于生活格外困苦，他就靠典衣当物以及卖文度日。有一段时间，家里经常断炊，几天揭不开锅，该当的东西都当了，空着肚子为人写文章，又远水不救近渴，实在没有办法，他不得不接受友人的接济。这些朋友又大都散居四处，他便跑到各地去寄食。他有时想起来，觉得自己像一条无家可归的野狗，但又转念一想，自己虽四处寄食，却不攀高拜上、献媚求宠、为人狂吠，不是一条巴儿狗，倒也心安理得了。

到了冬天，寒气逼人，室内无火取暖，他仍日夜伏案著书。夜间寒冷难耐，手脚都快要冻僵了，他就邀集一些朋友，乘着月色绕城跑步，一跑就是几十里。有时邀集不到朋友，他就一人跑起来，夜夜如此，他把这件事诙谐地称为"暖足"。

艰难困苦的生活并没有把吴敬梓吓倒。尽管他迫于生计东奔西跑，然而从不放弃自己的写作计划。他还利用一切机会把朋友间交谈中听到的故事，街谈巷议中传出的有趣秘闻，经过构思、加工、提炼后，写进《儒林外史》里去，正所谓"披沙拣金，时有获宝"。就这样，他经过了10年的艰辛创作，终于在49岁那年完成了《儒林外史》这部30万字的巨著。此外，他还著有《文木山房诗文选》12卷、《诗说》7卷。

《儒林外史》是中国第一部优秀的古典讽刺小说。全书共计55回。笔锋所指遍及社会各个角落，集中揭露了封建科举制度的腐败，讽刺了利欲熏心的封建文人，从一个侧面深刻地反映了封建制度必然灭亡的历史趋势。

首先，吴敬梓对封建的八股科举制度做了深刻的揭露。作品从一开始就借书中人物之口，反对明太祖朱元璋制定的八股考试制度，指出这是一代文人的厄难。接着他通过塑造的两个封建文人周进和范进的典型形象，揭露了一心向上爬的封建文人，一旦步入仕途就成为贪官污吏的丑恶，无情地抨击了科举制度的虚伪以及它所造成的社会罪恶。

其次，作品有力地痛击了封建官府和官僚政治的腐败，形象地描绘了封建官吏的昏聩无能和爱钱如命，念念不忘"三年清知府，十万雪花银"。他们满口仁义道德，实际上却是男盗女娼。

作品在揭露儒林群丑的同时，还塑造和歌颂了一批寄托作者理想的人物。如杜少卿这个反对科举制度、鄙视功名利禄、蔑视八股文和封建礼教的叛逆者，沈琼枝这个敢于向封建势力挑战、自食其力、要求妇女人格独立、追求个性解放的卓尔不群的新型女性。

但是《儒林外史》也有其时代的局限，在描写正面人物时，仍然不乏孔孟之道的色彩，缺乏进取和朝气。尽管如此，自从《儒林外史》刊出后，一直受到众多人士的喜爱。其嬉笑怒骂的灵气和智慧，其畅达淋漓的文采，至今仍闪烁着不灭的光芒。

◎故事感悟

如果没有对社会现实、世人心态的深刻洞察，没有超越流俗、蔑视功名利禄，敢于冲破"文字狱"的勇气和精神，是写不出如此充满战斗气息的不朽著作的。200多年来，吴敬梓一直受到人民的尊敬和爱戴。

◎史海撷英

吴敬梓的少年经历

吴敬梓出身于仕宦名门，小时候受到良好教育，对文学创作表现出特别的天赋。及至成年，因为随父亲到各处做官而有机会获得包括官场内幕的大量见识。吴敬梓22岁时，父亲去世，家族内部因为财产和权力而展开了激烈的争斗。经历了这场变故，吴敬梓既无心做官，对虚伪的人际关系又深感厌恶，无意进取功名。安徽巡抚推荐他应博学洪词考试，他竟装病不去。他不善持家，遇贫即施，家产卖尽，直至1754年53岁去世时，一直过着清贫的生活。

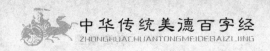

侯德榜勇闯制碱难关

◎要力求上进莫入迷途，要造福人类不要虚度青
春。——谚语

侯德榜（1890—1974年），福建省闽侯人。世界著名制碱专家，我国著名的化学家，化学工业的奠基人，"侯氏制碱法"的创始人。侯德榜一生在化工技术上有三大贡献。第一，揭开了苏尔维法的秘密；第二，创立了中国人自己的制碱工艺——侯氏制碱法；第三，他为发展小化肥工业所做的贡献。

20世纪初，我国还没有自己的制碱工业。国内需要的纯碱，大部分从英国进口。由于第一次世界大战期间欧洲和亚洲之间交通不便，英国在中国的卜内门公司不肯存货，卡住了中国民族工业的脖子。不但做馒头、油条需用碱，而且碱还是玻璃、造纸、纺织染料、有机合成纤维等许多工业的基本原料。爱国实业家范旭本先生创办了天津永利碱厂，但由于外国人垄断着制碱法，永利碱厂面临着重重困难。

1921年学成回国的侯德榜，勇敢地挑起了永利碱厂总工程师的重担。永利碱厂采用国外制碱法原理，开始了我国自己制碱的尝试。试制的这一天来到了，可是机器开动不久，30多米高的蒸氨塔突然发出巨响，摇摇欲倒，人们吓得纷纷夺路而逃。侯德榜不顾自身安危，临场指挥，急令停车。接着，他就和工程技术人员一起亲自登塔检查，排除了故障。

夜深了，侯德榜还未来得及吃饭，一位工人气喘吁吁地跑过来："侯总工程师，不好了，干燥锅停转了，湿碱在锅里结疤了。"侯德榜急忙跑到烤碱车间一看，一股热气迎面扑来，干燥锅在高温下停止了转动。侯德榜抄起一根木铁杆就往干燥锅里捅，但是结疤的湿碱又热又粘，根本弄不动。由于几天的疲劳和高温的熏烤，侯德榜昏倒在大锅旁边。

第二天，侯德榜又穿起工作服来到了工地，经过反复试验，进一步提高干燥锅的温度，终于成功地制出颜色洁白、碳酸钠含量达99％以上的纯碱。

1926年，中国永利碱厂生产的"红三角"牌纯碱闯进了在美国费城举办的万国博览会，并获得了金质奖章。后来永利碱厂的日产量高达250吨，纯碱不仅供应中国，还远销日本和东南亚各国，为中华民族争了光。

碱是制出来了，然而仍然存在着缺点，那就是在制碱过程中所用的原料都只利用了一半，食盐中的钠和石灰中的碳酸根结合成了需要的碳酸钟；但是食盐的另一部分氯和石灰的另一部分钙，却化合成了当时还没有多大用途的氯化钙。同时，在反应过程中还有30％的食盐没有起反应。

侯德榜从1939年开始改进这种工艺，终于在1943年创造发明了联合制碱法。这种联合制碱法的成功，是世界上制碱工艺上的新突破，引起了国际上强烈的反响。侯德榜也因此获得英国皇家学会、美国化学工程学会会员的称号。中国化学工业技术，也在侯德榜的努力下，一跃跨上了世界舞台。

侯德榜1913年写成的《制碱》一书英文版，将他发明的制碱法的全部秘密第一次完整地公布于世。此书一出版，就被世界学术界认为是制碱专著的首创，该书发行世界许多国家，侯德榜也由此名扬四海。

◎故事感悟

一个人要想在自身的工作或研究领域中提高办事效率，做出更好的成绩，就得敬业爱岗，善于钻研，不断提高技能。不论做什么事，都要善于动脑，找到更实用的方法，以提高办事的效率。因此，这就要求我们在技艺上要善于钻研创新。侯德榜正是做到了这些，才发明了让我们中华民族为之骄傲的联合制碱法。

◎史海撷英

侯德榜回国

1921年，侯德榜收到一封来自祖国的不寻常的信件，寄信人是爱国实业家范旭东先生。当时，正值第一次世界大战后的欧亚交通受阻时期。中国一向依赖进口的洋碱断了来源，国计民生受到严重影响。范旭东先生决心在塘沽久大精盐公司的基础上创办永利制碱公司，并进一步发展中国自己的制碱工业。可是苦于当时国内没有专业人才，于是他发信给在美国留学的侯德榜，恳请他回国共同振兴祖国的民族工业。就这样，侯德榜怀着工业救国的远大抱负，毅然放弃自己热爱的制革专业，回到阔别8年的祖国。为了实现中国人自己制碱的梦想，揭开苏尔维法生产的秘密，打破洋人的封锁，侯德榜把全部身心都投入到研究和改进制碱工艺。经过5年艰苦的摸索，终于在1926年生产出合格的纯碱。

1949年5月，正在印度帮助工作的侯德榜得到中共中央副主席刘少奇请他回国的消息后，谢绝了印度塔塔公司年薪10万美元的聘请，冲破重重阻挠，历时50天，绕道回到祖国的怀抱，聂荣臻同志亲自到车站迎接。周恩来同志又亲临北京东四十条16号永利办事处看望，并高度赞扬他的爱国主义精神。几天后，毛泽东主席又接见了侯德榜，详细倾听了他对振兴工业的意见，并提出了恳切的希望。

◎文苑拾萃

《纯碱制造》与《制碱工学》

侯德榜一生勤奋好学，虽工作繁忙却还著书立说。

《纯碱制造》一书于1933年在纽约列入美国化学会丛书出版。这部化工巨著第一次彻底公开了苏尔维法制碱的秘密，被世界各国化工界公认为制碱工业的权威专著，同时被相继译成多种文字出版，对世界制碱工业的发展起了重要作用。美国的威尔逊教授称这本书是"中国化学家对世界文明所做的重大贡献"。

《制碱工学》是侯德榜晚年的著作，也是他从事制碱工业40年经验的总结。全书在科学水平上较《纯碱制造》一书有较大提高。该书将"侯氏制碱法"系统地奉献给读者，在国内外学术界引起强烈反响。

李四光确立"中国第四纪冰川说"

◎凿不休则沟深，斧不止则薪多。——王充

> 李四光（1889—1971年），中国著名地质学家，湖北省黄冈县回龙山香炉湾人，蒙古族。首创地质力学。中央研究院院士，中国科学院院士。曾任中华人民共和国地质部部长、中国科学院副院长等职务。

　　李四光小时候曾跟父亲念过几年书，1902年以第一名的成绩考入武昌一所高等小学堂。入学后，由于他刻苦用功，一连考了几次第一名，按学校章程，被保送日本留学。1914年，李四光又到美国伯明翰大学留学，并获硕士学位。然后，他谢绝了老师要他再深造几年和介绍他去印度当工程师的建议，抱着把学到的知识尽快地贡献给祖国的赤子之心，回到了祖国，一直从事古生物学、冰川学以及地质力学的研究和教学工作。

　　李四光对地质研究的伟大贡献之一，是对第四纪冰川的研究，他提出的"中国第四纪冰川说"，震动中外地质学界。当时，北欧、北美等不少地方，都发现了第四纪冰川的遗迹。但有些外国地质学家，却武断地认为中国根本没有什么第四纪冰川，并且狂言"我们没有发现的东西，你们中国人永远也不会发现"。因为有无第四纪冰川涉及亚洲大陆是不是早期人类的起源地之一的问题，借以宣传"中国文化西来说"、"西欧文化东渐论"等观点。李四光不盲目听信传统结论，坚持认识从实践中来的观点。

　　1921年，李四光亲自到河北南部的太行山东麓的沙河县、山西大同盆地一带进行地质考察。在沙源岭一带考察时，他发现一些奇怪的大石头，它们有的像一间小房子那么大，大部分是由砂岩组成，孤零零地远离着大山。这些奇怪的石头引起了他的深思：在这附近根本没有基岩出露，这些砂岩巨砾怎么能在这里出现呢？是一般的水流搬运来的吗？不可能，水流是搬不动这样庞大而又笨重的石头的。

李四光仔细观看，发现这些石头不但有棱角，还有一个或两个磨光面，有的磨光面上面还保留有细长的条痕。此外，他还看到这些大小石块和巨砾是杂乱地分散在泥沙物质中间，并且不分层次。如果是流水搬运来的石头，那么就应该棱角不明显，或成卵圆形，而且在流水搬运的过程中会被分选，大块的在后，小石块、小沙粒被运送在前。现在的情形完全不是这样。那么，什么东西有这么大的力量，能把这些大石块从老远的地方搬来呢？只有冰川的移动！原来这些大石块就是冰川的漂砾。这里保存的就是古代第四纪曾经发生过冰川作用的遗迹。

为了寻找更多更确凿的证据，李四光又在长江中下游、庐山、九华山、天目山及黄山等地考察。他不畏艰险，爬高山，攀悬崖，穿密林，涉深谷，终于发现了大量的冰川流行的遗迹，经过论证，肯定了第四纪冰川在中国普遍存在。

李四光将多次发现先后写成了《扬子江流域的第四纪冰川》、《黄山第四纪冰川流行的确据》等文章，用不容否认的事实强有力地推翻了国际上许多冰川学权威们断言中国无第四纪冰川的错误结论。第四纪冰川说的确立，不仅对地质学、地理学、人类学的研究有很大贡献，而且对社会主义建设中找矿、找水、筑路、架桥等工程建设，也有重要意义。

◎故事感悟

李四光孜孜不倦地努力攻坚，终于确立了中国第四纪冰川说，从而大长了中国人的志气，维护了中华民族的尊严，并为祖国的地质科学奠定了坚实的基础。

◎史海撷英

李四光鲜为人知的一面

李四光的家乡是湖北黄冈回龙镇下张家湾乡的一个穷山村，14岁出国留学，凭的是自己勤奋努力得来的成绩。李四光先去日本学造船，后去英国学采矿，最后确定以地质学为终身事业，但也付出了不少实际代价。在去日本学造船的船上，因为穷，他买不起正式的铺位，只好白天窝在底舱，晚上在船顶过夜，不想受了风寒，大病一场，又因没钱医治，落下一个毛病——不能吃肉，一吃就犯病。此后他一生与肉绝缘。去英国留学，写毕业论文时，他腿上长了一个脓疮，也因为既没钱又没时间，耽误了治疗，他索性用刮胡刀片自己把疮刮掉，腿上落下一个大疤。

◎文苑拾萃

大庆油田

大庆油田是20世纪60—80年代中国最大的油区，位于松辽平原中央部分，滨洲铁路横贯油田中部。其中大庆油田为大型背斜构造油藏，自北而南有喇嘛甸、萨尔图、杏树岗等高点。

油层为中生代陆相白垩纪砂岩，深度900—1200米，中等渗透率。原油为石蜡基，具有含蜡量高、凝固点高、黏度高、含硫低的特点。1959年，在高台子油田钻出第一口油井。1960年3月，大庆油田投入开发建设。1976年以来，年产原油一直在5000万吨以上，1983年产油5235万吨。

大庆油区的发现和开发，证实了陆相地层能够生油并能形成大油田，从而丰富和发展了石油地质学理论，改变了中国石油工业落后面貌，对中国工业发展产生了极大的影响。

夏衍十年写出《包身工》

◎即使慢，驰而不息，纵会落后，纵会失败，但一定可以达到他所向的目标。——鲁迅

夏衍（1900—1995年），原名沈乃熙，字端先，是中国新文化运动的先驱者之一，中国著名文学、电影、戏剧作家，文艺评论家，文学艺术家，翻译家，社会活动家。祖籍河南开封。

1927年，夏衍同志在上海开展工人运动。当时，他住在沪东塘山路业广里一带。此间，他结识了一些在纱厂做工的和做工人运动的朋友。从这些人的口中，夏衍听说有一种女工叫"包身工"。这些年纪很小的女孩子，大多数是纱厂的工头从江苏、浙江一带贫困的农村地区"包"来的。这些包工头在招工时，尽量把工厂的条件和待遇说得如何如何好。正为吃不饱、穿不暖而走投无路的女孩子家长或女孩本人，便信以为真，同意自己的孩子跟着包工头出去做工的，家长和包工头之间要有一个包身文字契约，契约中写着包工时间为三年。三年中女孩做工的全部工资归包工头；由包工头负责女孩的生活费用，而且包工头每年还要给女孩父母一些钱，作为父母把孩子包出去的"包身费"。

年龄很小的女孩来到上海或苏州的纱厂后，看到工厂里的一切并不像包工头说得那样好。厂房破旧，车间里很潮湿，灯光也很暗。每天要做十几个小时的工，累得腰酸腿疼。半夜三点钟，她们要顶着星星、拖着疲困的身体去上工；下工时，已是月升中天。每回到睡觉的棚里，她们连衣服也不愿意脱，倒在铺上就睡着了。在厂房里做工时，她们要受到包工头的看管；下班后

离开工厂也要受到监视，一点儿人身自由也没有。就是这样，她们仅能从包工头那里得到一点点钱，根本不够吃饭用。

夏衍首先把这些告诉了与上海明星电影公司有联系的沈西林，明星电影公司根据这些材料马上拍出了《女性的呐喊》。夏衍也开始搜集有关包身工的材料，想写出一篇小说来。

1935年，上海地下党组织遭到极大破坏，组织上决定夏衍暂时到工厂隐蔽起来。夏衍就利用这个机会深入到包身工中去，掌握第一手更为详细的材料，把九年前的愿望付诸实现。

为了观察到包身工的工作情况和生活情况，夏衍每天半夜三点从家里动身往工厂走，工厂离他住的地方有十几里路。白天，夏衍混在包身工中间，体验着人间地狱的生活。由于过分疲劳，包身工们成年累月连洗头的时间都没有，她们面色蜡黄、衣衫褴褛，身上的气味很难闻。四月到六月正是上海的梅雨季节，外面阴雨连绵，车间里霉味、酸味、汗臭味熏得人上不来气。夏衍真是有些受不住了。就是这样，他认真地观察着、思考着、记忆着。他曾在日本看到过被资本主义世界认为生活水平最低、劳动条件最差的日本纺织女工，可是包身工们和日本纺织女工比起来，也是一个在地狱，一个在天堂。

冒着随时暴露身份被逮捕的危险，夏衍硬是当了几个月的包身工。耳闻目睹之后，他反而觉得小说不足以反映包身工的境遇，如果将她们的情况如实地报道出去，不更能说明问题吗？于是，他根据调查到的材料，不带任何虚构和夸张地写出了《包身工》一文。

◎故事感悟

1936年，夏衍发表了《包身工》。从此，中国文学史上便出现了报告文学。至今，这篇文章仍被我国中学语文教材作为典范文章选用。夏衍这种坚韧不拔、实事求是的品德值得学习。

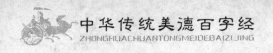
中华传统美德百字经
ZHONGHUACHUANTONGMEIDEBAIZIJING

◎史海撷英

夏衍与《救亡日报》

《救亡日报》——这家在中国共产党领导下的报纸，从1937年8月4日在上海创刊开始，便坚定不移地执行中共提出的抗日民族统一战线方针，为促进全民族抗日救亡起到了很大的宣传鼓动作用。当时，郭沫若兼任《救亡日报》社社长兼发行人，夏衍则出任总编辑。1937年11月22日，上海沦陷，《救亡日报》被迫撤离，于1938年转至广州复刊。当年10月底广州又陷入日军的三面围攻之中，于是《救亡日报》再度"流浪"。

1939年1月10日，《救亡日报》在桂林复刊。夏衍主持《救亡日报》作风严谨，一丝不苟。作为总编辑的夏衍，一直主笔撰写社论和时评，理直气壮地宣传坚持抗战，反对投降，坚持团结，反对分裂，揭露汪精卫叛国投敌和国民党消极抗日、积极反共的行为。《救亡日报》在抗日宣传中的影响不仅引起了广大民众的注意，也引起了反动派的嫉恨。震惊中外的"皖南事变"，直接导致了《救亡日报》在桂林的劫难。

1941年1月17日，蒋介石来了个先发制人，他以国民党军事委员会名义发布"命令"，宣布新四军"叛变"，取消新四军番号，还命令全国报纸都必须刊登颠倒是非的"中央社"电讯稿和"军委命令"，以掩盖事实真相。夏衍坚持拒绝刊登这则诬蔑"新四军叛变"的消息电稿。为了不伤情面，他将它安放于头版头条，然后与往日一样，不动声色地连同其他稿件一起拿到新闻检查所"送审"。"送审"完毕后，便把头条的"中央社"电稿撤掉。

1941年3月1日，驻桂林的国民党新闻检查所秉承蒋介石重庆当局的密令，查封了《救亡日报》。这张在抗日救亡中积极宣传发动群众，多次组织支前义卖，广泛传播革命真理的报纸，从此结束了它在桂林的战斗生涯！仅仅两年又45天的生涯！夏衍当时的心情十分沮丧、惋惜而沉痛，为了保存力量，他不得不遵照党组织的安排飞往香港，继续新的革命活动。

◎文苑拾萃

《包身工》

《包身工》作于 1935 年，是夏衍经过长期的实地调查，在详细地掌握了大量可靠材料的基础上写成的。他以铁的事实、精确的数据、精辟的分析和评论，把劳动强度最重、地位最低、待遇最差、痛苦最深的奴隶一样做工的女孩子们的遭遇公之于世，愤怒地控诉了帝国主义和买办势力残酷剥削和掠夺中国工人的罪行。同时告诉人们，包身工制度是在半封建半殖民地社会的温床上，受到国民党反动政府"特殊优惠"的保护，伴随中国农村经济衰败生长出来的一颗毒瘤。

邓稼先攻克原子能世界

◎乘风破浪会有时，直挂云帆济沧海。——李白

邓稼先（1924—1986年），杰出科学家、中国"两弹"元勋，参加组织和领导我国核武器的研究、设计工作，是我国核武器理论研究工作的奠基者之一，从原子弹、氢弹原理的突破和试验成功及其武器化，到新的核武器重大原理突破和研制试验，均做出了重大贡献。作为主要参加者，其成果曾获国家自然科学奖一等奖和国家科技进步奖特等奖。被称为"中国原子弹之父"。

　　1949年，新中国从战争的废墟中站起来，开始了艰难的社会主义建设。面对资本主义世界对社会主义阵营的包围与封锁，摆在新中国面前的一个重要任务就是加强军事实力，制造原子弹，与拥有核武器的美国等资本主义国家抗衡，保卫新生的社会主义中国。

　　这一关系到新中国国力的重大任务落到了刚刚从美国回国的爱国青年科学家邓稼先的身上。

　　尽管邓稼先毕业于西南联大物理系，并在美国攻读原子核物理，有关原子核科学的全部知识和最新信息已经消融在他的脑子里，但在原子核科学毫无基础的新中国面前，制造原子弹无疑是一项艰苦与漫长的事业。邓稼先没有被这些困难所吓倒，他花了半年时间从中国著名学府挑选了28名出类拔萃的大学毕业生。

　　邓稼先和他们一起进入了向原子弹理论方程攻击的阵地。为了验证一个数字，他们摇起那台应该是历史博物馆陈列品的手摇计算机，每秒钟只能运

算十次。青年人等不及，干脆拨弄算盘，一次，二次，一共进行了九次计算，而每次验证要日夜连轴地拨弄算珠一个月！

一个关系到中国第一颗原子弹成败的神秘数字终于出现在邓稼先眼前。这个数字凝结了邓稼先和他的战友两千多个日日夜夜的心血与汗水，同时也宣告了中国第一颗原子弹爆炸成功的历史性时间：1964年10月16日15时。

原子弹爆炸成功后，邓稼先又转向了氢弹研制。1967年6月17日，中国第一颗氢弹成功地爆炸。

核武器的研究，是一个隐姓埋名、辛勤耕耘、不计名利的事业，但邓稼先心中有的只是祖国的强大和人民的幸福。当他同期的同学早已蜚声海内外时，他仍然是一个身份处于绝密状态的科学家。

1986年7月29日，邓稼先——这一无名的英雄、巨匠，为中国的核武器事业耗尽了最后一丝精力。这一天，他的光辉名字和他那充满神秘色彩的故事才向全世界宣布。

◎故事感悟

"两弹"元勋邓稼先，名字永垂中华民族史册，永远激励中国人民求索攻坚，勇往直前。

◎史海撷英

"两弹元勋"去世

1986年7月29日，邓稼先因病去世；中央党政主要负责人专程从外地赶回北京参加邓稼先的追悼会，评价说："邓稼先同志是我国科技工作者的典范，是我国科技工作者的骄傲。""稼先逝世，我极悲痛！"——邓稼先的岳父、全国政协副主席、90高龄的许德珩老人也在他送的大幅挽幛上悼念邓稼先；在地球的另一面，远隔万里重洋的昔日好友杨振宁教授怀着无限悲痛的心情，也给邓稼先的夫人许鹿希教授发了唁电。

◎文苑拾萃

国立西南联合大学

中国抗日战争期间设于昆明的一所综合性大学。卢沟桥事变后，日本帝国主义全面发动侵华战争。为保存中华民族教育精华免遭毁灭，华北及沿海许多大城市的高等学校纷纷内迁。抗战八年间，迁入云南的高校有十余所，其中最著名的是国立西南联合大学。

西南联大是由北京大学、清华大学和南开大学联合而成。1937年抗日战争发生，北京大学、清华大学、南开大学先迁至湖南长沙，组成长沙临时大学，同年10月25日开学。1938年4月又西迁昆明，改称国立西南联合大学。5月4日开始上课，设立文、理、法商、工、师范5个院26个系，两个专修科一个选修班。

北大、清华、南开原为著名的高等学府，它们有各自独特的经历，有各自的教学作风，组成联大以后，汇集了一批著名专家、学者、教授，师资充实，人才济济。他们在极其艰苦的条件下，坚持严谨的治学态度，树立优良学风，使之成为当时中国规模最大的著名高等学府。

西南联大在办学的8年中毕业学生约2000人，均学有成就，有的成为举世闻名的专家学者，他们对中国的建设事业、高等教育的发展和世界学术研究做出了贡献。抗战胜利后，1946年西南联大解散，三校分别迁回北京、天津复校。